● 젊음과 패기, 바다와 낭만, 요트 셀링의 모든 것!

현대 요트 교본

현대레저연구회 편

太乙出版社

▲강풍 속에서 펼치는 꽃모양의 레이스

▼셀링의 최고속을 다투고 있는 레이스

▲올림픽 사용정(使用艇)의 2인승 센터보드 「470」

▼「470」의 스핀 레이스

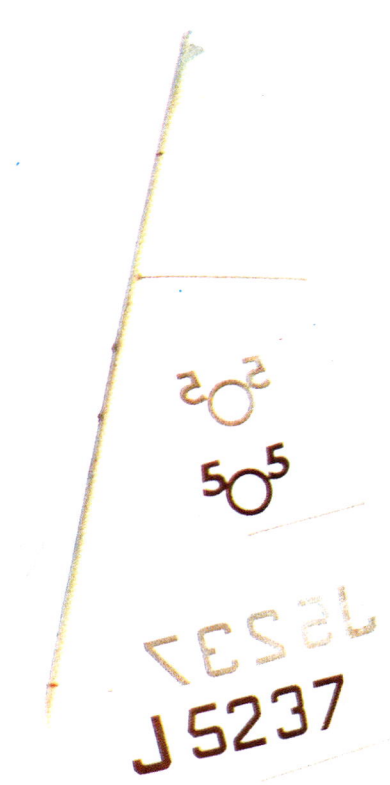

◀ 세계의 요트맨을 열광시키고 있는 스피드 레이서 「505」

▲어린아이도 요트를 즐길 수 있다.

◀요트는 젊음의 가장 멋진 벗이다.

▲오늘은 어디로 갈까? 요트맨들의 계획토론은 마냥 즐겁다.

▲햇볕 속에서 젊음이 무르익는다. 레이스에 참가하기 전, 선수들이 자기의 요트를 점검하고 있다.

▲드릴링한 범주 성능, 쾌속을 과시하는「시-페르콤」

▲가장 많이 보급되고 있는 올림픽 레이서「470」

▶딩기 레이스의 한 장면

현대
요트교본

현대레저연구회편

젊음과 패기!
바다와 낭만!
요트 셀링의 모든것!

太乙出版社

차 례

1. 당신도 요트를―첫머리에 대신하여 ········ 17
   당신의 최고의 레저, 그것은 요트이다 ··········· 18
   요트는 안전하다. 그러나 ························ 20
2. 요트는 어떻게 하여 달리는가 ················ 23
   요트는 바람이 불어오는 방향으로도 전진할 수
   있다 ·· 24
   메인 세일과 지브 세일 ························· 30
   2가지 종류의 버릇 ······························· 31
3. 요트의 종류 ··· 33
   요트를 크게 나누어 보면 ······················ 34

    범주별 분류 ················· *35*
    정체(艇体)별 분류 ············· *42*
    소재(素材)별 분류 ············· *44*
    소형정과 크루저 ··············· *46*
    올림픽·레이스 ················ *51*

4. 요트의 각부 명칭 ················ *57*
    요트 용어(用語) ··············· *58*
    총괄적인 명칭 ················· *58*
    정체(소형정)의 각부 명칭 ········· *61*
    범장(帆裝)의 각부 명칭 ·········· *63*
    대형정(딥·킬)의 각부 명칭 ········ *65*

- 5. 요트의 구조 ·· 67
  - 요트맨의 지식으로서 ································ 68
  - 정체(艇体) ·· 68
  - 도장(塗裝) ·· 74
  - 마스트와 세일 ·· 75
  - 부속품 ·· 80
  - 요트의 보조기관 ······································ 83
- 6. 출발 준비 ·· 85
  - 기상 상황(氣象狀況) ······························ 86
  - 조수(潮汐) ·· 86
  - 로프 사용 방법 ·· 88

  요트의 출발까지 ··· *97*
7. 범주(帆走 : 셀링) ··· *105*
  요트의 조종 ·· *106*
  범주(帆走)의 종류 ·· *107*
  범(돛)의 위치 ··· *108*
  키 ·· *109*
  힐 ·· *110*
  달리는 방법 ·· *111*
  스핀네카 ··· *115*
  방향전환 ··· *117*
  요트 내림 ·· *123*

  발착법(發着法) ········· *123*
  발정(發艇) ············ *125*
  착정(着艇) ············ *127*
8. 요트의 구급(救急) ········· *133*
  기상의 변화로 인한 위험 ····· *134*
  구급 예방(救急豫防) ······· *134*
  위급시의 태도 ·········· *135*
  위급과 그 처치 ·········· *135*
  리횡(縮帆) ············ *138*
  낙수(落水) ············ *140*
  전복(轉覆) ············ *141*

  전복(轉覆)에 대비하여 ………………… *142*
  무풍(無風) ………………………………… *144*
  로프류가 잘라진다 ……………………… *144*
  마스트·붐이 부러진다 ………………… *145*
9. 크루징 ……………………………………… *147*
  크루징의 즐거움 ………………………… *148*
  안전 비품 및 장비 ……………………… *154*
  항해술(航海術) …………………………… *156*
10. 기상(気象)에 관한 지식 ……………… *177*
  요트와 기상(氣象) ……………………… *178*
  일기 예보도(豫報圖) 보는 방법 ……… *178*

기압(氣壓)	178
관천망기(觀天望氣)	183
11. 요트 레이스	185
요트 레이스	186
레이스의 종류	188
경쟁정(競爭艇)	189
레이스의 개시(開始)	191
룰과 전술(戰術)	195
레이스의 종료(終了)	203
크루저의 레이스	204

당신도 요트를……
-첫머리에 대신하여-

당신의 최고의 레저, 그것은 요트이다

일본이나 영국과 같이 주변이 전부 바다로 둘러 쌓여 있는 나라는 드물다. 영국이 세계 제일의 해운국으로써 번영해 온 것은 주변이 바다로 둘러 쌓여 있고, 바다와 함께 생활하고 있는 사람들, 바다를 즐길 줄 아는 사람들이 상당히 많았기 때문이다. 바다를 사랑하고 바다와 친하게 지내고 있는 영국의 많은 사람들은 언제나 요트를 즐기는 것(셀링)을 낙으로 하고 있고, 영국 왕실을 비롯하여 요트야말로 나라를 받치는 레저 스포츠로 알고 있는 것이다. 이것은 영국에 한정되지 않고 유럽 여러 나라, 미국, 오스트렐리아 등, 세계 속의 사람들이 가족과도 같이 바다의 스포츠를 즐기고 있고, 문화 국가로서는 우리나라가 가장 늦어지고 있는 것인지도 모른다.

▲크루저 레이스의 스타트. 왼쪽 끝이 레이스 본부정(本部艇)으로, 스타트 라인이 된다.

지금부터 120년 전, 1851년부터 시작된 아메리카 배 요트 레이스는 나라안의 성원이 큰 힘이 되고 있는 것 같다. 미국도 또 개국 이래의 프론티어 정신이 현대에도 맥맥히 이어질 수 있는 것으로써 받아 들이고 있어서, 전후는 폭발적인 붐을 일으켰으며, 모터 보트와 함께 없어서는 안될 레저 스포츠의 하나가 되어 있다. 특히 아메리카에서는 차아터 요트가 성행하고 있다. 이것은 선장(스키퍼)을 포함하여 벌리는 요트로 거실, 침대, 부엌, 화장실은 물론 목욕탕이 달린 호화선도 있는데, 이것은 하루 100~300 달러 정도의 돈이 들며, 이것을 빌려 몇 일인가의 원양 항해나 연안 항해를 즐기는 것이다. 이 차아터 요트를 빌리면 전혀 요트의 조정을 몰라도 안심하고 원양 항해를 즐길 수 있으므로 정말 부러운 생각이 든다. 하와이에도 차아터 요트가 성행하고 있으니, 하와이에 가면 빨리 이것을 이용하여 섬을 돌아 보는 것도 재미 있을 것 같다.

▲석양 노을을 받으며 요트 하아버로………

우리나라에서도 몇년 후에는 이 차아터 요트 시스템이 생겨 누구라도 손쉽게 요트를 즐길 수 있는 시대가 될지도 모른다.

　미국에 있어서 요트 열기가 왕성하게 된 것은 차아터 요트에 의해 바다를 즐기는 사람 수가 늘어난 데도 그 원인 있지만, 보다 근본적인 원인으로서 생각할 수 있는 것은, 요트 클럽이 오랜 전통을 갖고 있으며 상당히 발달해 있는 것이다. 요트 클럽은 요트를 소유하고 있는 사람들의 사교, 친목 기관으로 요트가 출입할 수 있는 장소에는, 호화

▲우리나라에서도 요트 동료가 모여······

로운 건물과 시설을 갖춘 클럽에서 10명 정도의 자그마한 클럽까지 가지각색의 요트 클럽이 있어서, 이 클럽이 요트의 보관, 수리 손질은 물론 사교의 중심장으로써 활약하고 있다.

우리나라의 요트계는 바로 최근까지 거의 대학의 요트부, 즉 학생 스포츠에 의해 지탱되어 왔다. 그러나 이제부터는 일반인에 의해 온가족 전체의 레저 스포츠로써 발달해 나가려고 하고 있다.

요트는 안전하다. 그러나······

'나는 바다의 아들, 하얀 파도의······'라고 하는 노래도 있듯이, 우리들의 환경은 바다 그리고 요트와 끊을래야 끊을 수 없는 관계에 있다.

바다야말로 그리고 요트야말로 당신의 최고의 레저이다. 그렇다고는 하지만 바다에는 언제나 위험이 있다. 평온한 온화함 뒤에 돌연 바다의 마귀가 급습하여 광란, 노도의 큰 태풍이 이는 때도 있다. 그런때 대자연은 당신을 완전히 무력하게 만들어 버린다. 때문에 바다나 태풍의 자연에는 언제나 순종하고 공손하게 마음 가짐을 갖고 우리들의 레저, 요트의 즐거움을 맛보는 것이 중요하다. 그러면 바다는 언제나 안전하고 최고의 기쁨을 우리에게 줄 것이다.

▲잔잔한 바람으로, 논바리셀링

어느 여름의 일이다. 해수욕장에서 요트를 빌린 어린 학생이 혼자서 이내 한 가운데를 향하여 가버렸다. 드디어 보이지 않게 되었다. 걱정이 된 요트를 빌려주는 가게 아저씨는 구명정을 타고 구하러 갔는데, 역시 생각대로 바다 한가운데서 전복되어 있었다. 운이 좋아서 학생은 구조되었는데, 들은 바에 의하면 그 학생은 태어나 처음으로 요트를 타고 곧 전진한후 돌아오려고 생각했지만, 방향 전환을 하는 방법을 잘 몰라서 우왕 좌왕하고 있던 중 뒤집혀 버렸다고 한다. 이런 경우 조난되는 것은 당연하다. 요트의 지식도 없고 경험도 없이 요트를 타는 것은 상당한 무리이다. 처음에는 반드시 유능한 경험자와 동승하고, 바람이 강한 때, 파도가 거친 때, 조류가 셀 때 등 여러 가지 체험을 한 다음에, 단독으로 타야 할 것이다. 바다를 무서워 해서도 안되고 바다를 우습게 보아서도 안되는 것이다. 또 바다에는 해상 규칙이 있다. 바다의 규율과 에티켓을 기억해 두어야 한다.

▲스피드 싸움을 벌이는 요트 레이스

▲요트 레이스는 꽃잎처럼 아름답다.

요트는 어떻게 하여 달리는가

요트는 바람이 불어오는 방향으로도 전진할 수 있다

맑게 개인 하늘, 기분 좋은 바람이 불어 오는 파란 바다에 새 하얀 요트가 점점히 떠 있는 멋진 풍경을 본 사람은 많을 것이다. 이들 요트를 잘 보면 바람은 일정한 방향에서 불어오는데, 어떤 요트는 옆으로 어떤 요트는 오른쪽에서 왼쪽으로 각각 제멋대로의 방향으로 전진하고 있는 것을 알 수 있다 (제 1 그림).

요트는 바람을 뒤에서 받아 달리는 것만 아니라, 바람이 불어 오는 방향에 있는 목적지에도 생각대로 다다를 수 있는 성능을 갖고 있다. 그러나 바람이 불어 오는 방향으로 똑바로 향하여 전진하는 것은 불가능하다. 그 때문에 요트는 바람이 오는 방향으로 가능한 한 오른쪽, 왼쪽으로 지그재그로 전진하여 목표에 도달하려고 한다.

이 항법을 '간절(크로즈)' 이라고 한다. 범선은 모두 바람 위의 목적지로 가기 위해서는 간절로 전진한다.

▲추수(런닝)로 전진하는 요트

이것에 대하여 뒤에서 오는 바람으로 달리는 것은 '추수(런닝)' 라고 한다. 제2 그림을 본다. 목적지 A 점으로 향하여 요트와 범선은 방향 전환을 반복하면서 A점으로 도달한다. 이 전환의 횟수는 제2 그림에서는 요트는 3회, 범선은 7회 반복하고 있다. 이 성능의 차이는 요트와 범선의 형상의 차이에서 오는 것이다.

▲정면에서의 바람을 간절(크로즈)로 전진한다

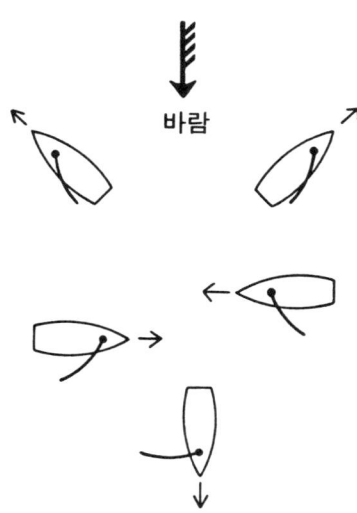

제1 그림   요트는 어느 방향으로도 전진한다

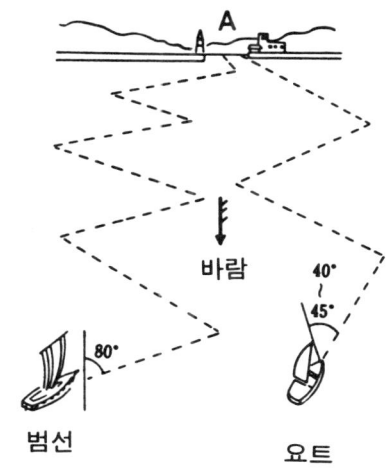

제2 그림   간절로 전진하는 요트와 범선

그러면 우선 요트는 어떻게 하여 바람이 불어오는 방향으로도 '간절하여 달린다'는 것이 가능할까? 제3의 그림을 본다. 요트의 우현(그림에서는 하부)에 부는 바람은 세일 A점을 흐르고 있다 (물론 바람은 세일 전부를 흐르고 있지만, 그 중의 한 점을 드는 것이다).

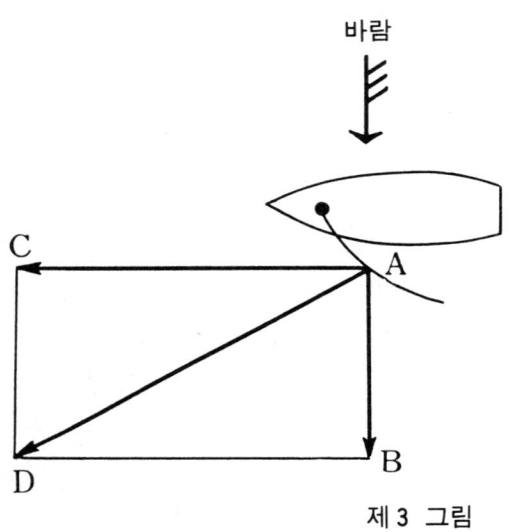

제 3 그림

A점에 부딪친 바람의 힘은 흡인력 D가 된다. D는 요트를 옆으로 흐르게 하려는 힘인 B와 요트를 전진시키려고 하는 힘 C와도 나뉘어진다. 요트나 범선의 형상은 밖에서 눌리는 힘에 대한 저항이, 배의 전후에서 보다도 옆으로의 힘에 강한 구조이다. 마치 물속에서 판을 띄워놓고 누르면 일어나는 현상과 같은 경우이다.

이것이 요트의 기본적인 사고 방식이다. 즉 제3의 그림의 B의 힘에 대하여 요트의 몸체는 가능한 한 저항을 강하게, C의 전진하는 힘을 한 층 효율적으로 사용하면 좋은 것이다. 제 3 그림은 바람의 방향에 대하여 요트는 옆으로 전진하지만, 바람이 불어오는 쪽으로 향하게 하는데는 세일의 각도를 바꾸고, C의 힘이 제일 크게 되는 위치를 취해야 하는 것이다.

요트와 범선의 간절로 달리는 성능은 요트쪽이 훨씬 뛰어나고, 바람에 대한 각도는 요트가 40~45도 정도이고 범선은 80도 정도이다.

제 3 그림의 D는 A점을 흐르는 바람에 의해 세일의 표면에 생긴 흡인력인데, 이 D의 힘 속에서 B로의 저항이 강하면, C의 힘이 남아 요트를 전진시키는 것이다.

제 2의 그림의 바람의 방향에 대한 각도 α(알파)가 작아지면, B의 힘이 강해지고 C가 약해져 전진력이 둔해지고, 이 α가 35도 보다 작아지면 제 5 그림과 같이 전진이 정지되어 버린다.

요트의 구조는 보통의 범선에 비하여 옆으로 흐르는 것에 대한 저항력이 한층 강하도록 설계되어 있기 때문에 C의 힘이 남고, 옆으로 흘러가지 않기 때문에 작은 각도로도 움직일 수 있는 것이다.

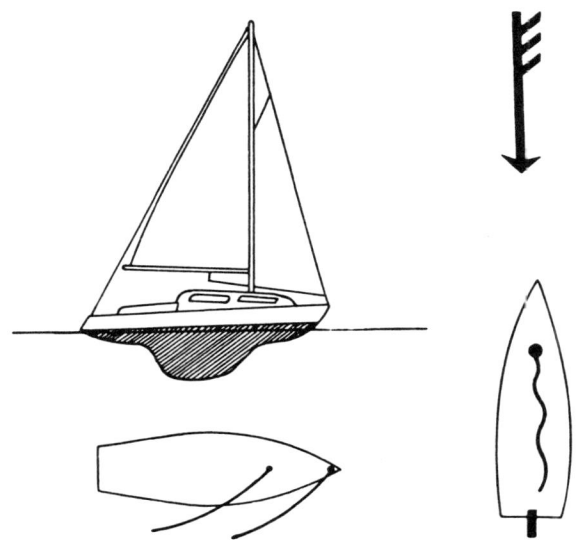

제 4 그림 옆으로 흐르는 것에 대한 저항력   제 5 그림
       이 한층 강하다.

여기에서 의문이 있는 것은 그림 3에서 A점에 흐른 바람이 어떻게 해서 흡인력 D로 되는가 라고 하는 것인데, 이것은 비행기의 날개와 같은 식이라고 생각하면 좋은 것이다. 비행기의 날개는 그 단면이 활과 같이 되어 있는데, 이 윗면을 공기가 흘러가면 진공 상태가 되고, 비행기가 위로 끌어 당겨져 공중으로 뜨게 되는 양력이 발생하는 것이다. 요트의 경우는 세일이 윗부분이 아닌 앞쪽에서 작용하는 것이다. 즉 양력이 흡인력 D에 상당한다는 뜻이다.

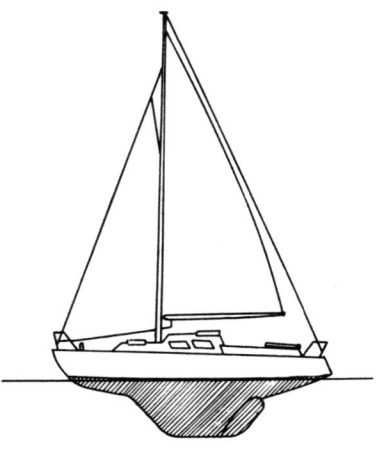

제 6 그림

제 7 그림

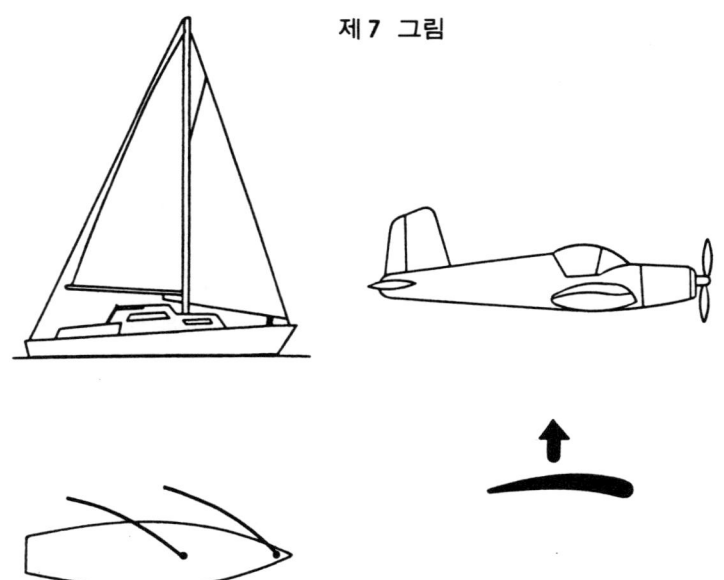

옆으로 흐르도록 하려는 B의 힘에 수면 아래의 전체가 강하게 저항하여 B의 힘을 누르고, 이 때문에 전진하는 힘 C가 남아 요트는 전진하는 것이다. 그러나 요트를 옆으로 흐르도록 하려는 B의 힘을 완전히 멈추고, 전진하는 힘 C만이 되게 하는 것은 불가능하다.

어떤 요트라도 어느 정도는 옆으로 흐르는데, 이 각도는 1~2도 정도이다. 제8의 그림의 A는 요트가 전진하고 있다고 생각되어지는 코스로, B는 옆으로 흐르면서 실제로 달리는 코스이다. 이 A와 B와의 차이를 풍압차라고 한다. 요트의 설계상의 좋고 나쁘고는 어떻게 하여 바람의 옆 흐름을 극력 누르고, 전진하는 힘을 강하게 하는가의 문제가 큰 요소로 작용하는 것이다.

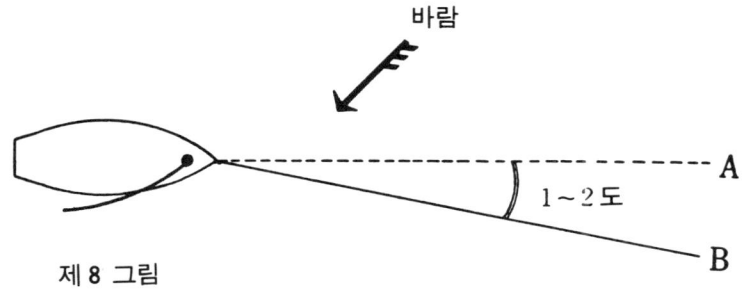

제8 그림

바람을 받는 세일은 똑바로가 아닌 비행기의 날개와 같이 활처럼 구부러져 있다. 똑바로 펴진 형으로써는 강한 흡인력 D를 낼 수 없기 때문이다.

▲ 비스듬히 오른쪽 앞에서 바람을 받는 요트

메인 세일과 지브 세일

슬슬 해변을 미끄러져 가는 작은 요트에는 1개의 돛(메인 세일)만으로의 요트와 앞에 작은 돛(지브 세일)을 붙인 2개의 돛을 가진 요트가 있다.

바람을 받는 세일의 면적은 넓은 편이 좋다고 되어있으나 메인 세일만의 요트와 지브 세일을 곁들인 요트와는 그것이 같은 면적이라도 2개의 돛이 있는 요트 쪽이 성능은 더 낫다.

제 9 그림은 세일의 커브에 빠른 바람의 흐름을 나타내고 있는데, 하나의 돛인 경우는 도중에서 바람의 소용돌이가 있어 흐름이 거칠어져 버립니다. 소용돌이가 생기면 세일의 효율이 나쁘게 되고 전진하는 힘이 약해지며 요트의 스피드는 느려지게 된다.

이것이 지브 세일이 붙은 2개의 돛이 있는 요트일 경우는 바람의 흐름은 우선 지브 세일에 의해 정리되고, 1개의 돛의 경우에 일어나는 소용돌이는 생기지 않는다. 게다가 지브 세일과 메인 세일의 사이를 흐르는 바람은 간격이 좁아서 생기는 급류와 같은 슬롯 효과에 의해 전진력은 한층 강해지게 되는 것이다.

이 결과 요트는 최대한으로 바람을 이용하여 전진하고, 그 성능은 1개의 돛이 달린 요트보다 낫게 되는 것이다. 2개의 돛이 달린 요트를 조종할 때는 언제나 2개의 돛의 바람의 흐름에 주의하여 조정하면서 달리는 것이 중요하다.

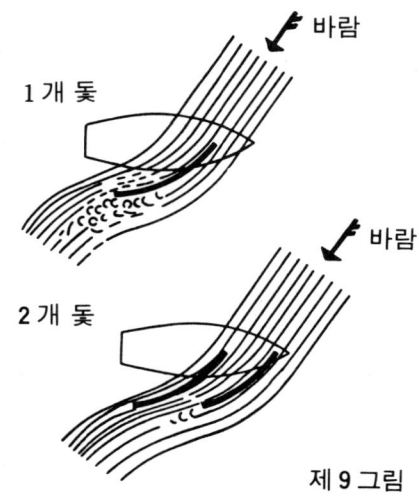

제 9 그림

2가지 종류의 버릇

대량 생산 되어지는 자동차에도 각각에 고유의 버릇이 붙게 되는데, 요트의 경우에도 저마다의 버릇이 있다. 이것은 많은 조작을 하는 것에 의해 알 수 있게 되는데 크게 2종류로 나눌 수 있다.

▶메인 세일만의 요트

▲지브 세일이 달린 요트

요트에는 세일의 양력 중심이 되는 C·E(Center of Effort)와 선체의 횡측 저항의 중심이 되는 C·L·R(Center of Lateral Resistance)이 있고, 이 2개의 상관 관계에 의해 2종류의 버릇이 생기는 것이다. 그 첫번째는 C·L·R의 앞에 있는 C·E가 C·L·R의 선까지 내려가거나 뒷쪽으로 온 경우에 일어난다. 그것은 항상 요트의 전부(앞쪽)를 풍상 방향으로 향하게 하고 싶어하는 버릇이다. 이 같은 경우는 앉는 장소를 앞으로 이동시키거나, 키를 사용하여 풍하의 방향으로 하고 언제나 침로를 향하도록 하지 않으면 안된다.

또 하나의 버릇은 C·E가 극단으로 앞쪽에 있으면 일어난다. 요트를 언제나 풍하 방향으로 향하도록 하는 버릇이다. 이 경우는 복잡한 요소가 겹쳐져 나오는 경우가 많기 때문에 조정이 상당히 어렵다. 이상적인 것은 어느쪽으로도 치우치지 않도록 하는 것이다.

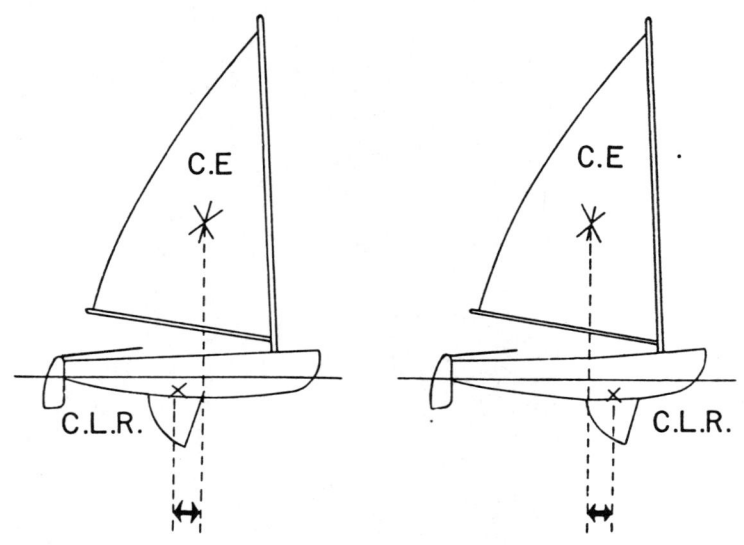

제10 그림 리헤름(왼쪽)과 외쟈 헤름(오른쪽)

3 요트의 종류

요트를 크게 나누어 보면

우리들이 매일 보아 익숙해진 요트도 잘 보면 매우 많은 종류가 있는 것을 알아 차릴 수 있다. 어떤 요트는 돛이 한개밖에 없고, 작아도 2개의 돛을 달고 달리고 있는 것도 있고, 마스트가 2개 서있는 것도 있고, 돛을 3, 4개나 달고 있는 요트도 있다.

요트에는 셀링 요트와 모터 요트가 있다. 셀링 요트는 주된 동력원을 바람의 힘에 의해 얻으려는 것에 대하여, 모터 요트는 엔진의 힘으로 달리는 것이다.

레저를 즐기는 것을 목적으로 한 것이 모터 요트인데, 해상 운송 등의 실용적인 일을 하는 것이 아닌, 멋있는 거주성을 갖은 딜럭스한 배로써 오락이나 사교용으로 쓰여지고 있다. 영국 왕실의 요트, 미국 대통령의 요트 등이 유명하다.

우리들이 보통 말하고 있는 요트는 셀링 요트라는 것은 이미 알고 있겠지요? 지금부터 여러분에게 소개하는 것도 이 셀링 요트에 한해서이다.

▲각각 종류가 다른 요트가 하아버에 모여 있다.

범주별 분류

8천 년정도의 옛날부터, 인간의 지혜가 바람의 힘에 의해 배를 달리게 하는 것을 가능하게 했다. 그리고 현대까지 많은 변천을 거쳐 오늘에 이르고 있다. 현대의 대표적인 돛도 옛날의 돛에서 조금씩 변경되어 온 것이다. 돛에 의해 크게 분류하면 다음의 7종류로 나눌 수 있다.

- 켓·리그 (Cat Rig)
- 스탠딩·럭·리그 (Standing Rug Rig)
- 스룹 (sloop)
- 커터 (Cutter)
- 요르 (Yawl)
- 켓취 (Ketch)
- 스쿠너 (schooner)

● 켓·리그

요트의 가장 단순한 형은 마스트가 1개, 돛이 1장인 리그이다. 켓·리그에는 제1 그림과 같이 마스트에 횡목을 붙인 사주형의 돛을 단 가흐·리그와 마스트에 삼각형의 돛을 단 마르코니·리그가 있다.

• 가흐·리그 (Caff Rig)

이것은 마스트의 윗 부분에서 뒷쪽으로 횡목에 돛(세일)을 달고, 횡목의 기부에 붙어 있는 죠우(Jaw)에 의해 세일의 올리고 내림이 가능하다. 이 대표적인 것이 제1 그림의 아메리칸·캿트·보트이다. 아메리카에서 큰 하천이나 호수, 조용한 해안 등, 비교적 파도가 없는 수면에서 사용하고 있는데, 어선에서도 이 형식을 볼 수 있다.

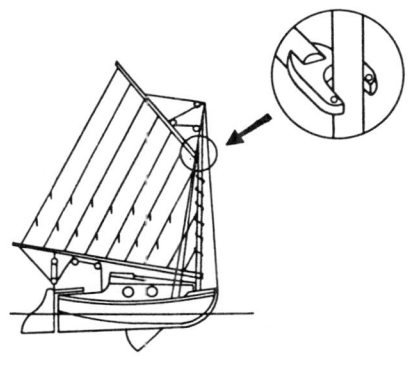

제1 그림 아메리칸·캿트·보트

• 마르코니·리그(Marconi Rig)
이것은 이론적으로 가장 뛰어난 리그로 스피드와 바람에 대해 훌륭한 성능을 발휘한다. 이 때문에 근대의 요트 레이스에서는 1개의 돛이 있는 대표적인 형이 되어 있다. 북구에서 설계되어 1952년의 헬싱키 올림픽에서 채용된 휜·크라스(제2 그림)는, 이 마르코니·리그이다. 뛰어난 성능을 지니고 있는 휜·크라스는 그 이후 세계적으로 애호되고 있으며, 1964년의 동경 올림픽에서도 채택되어 사용됐다.

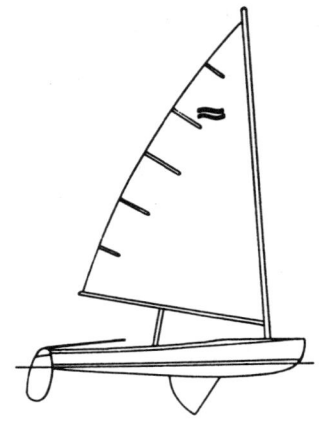

제 2 그림 휜

또, 최근 세계적으로 보급되어 있는 국제 모스·크라스는 일본에서도 FRP제로 젊은 사람들에게 유행되고 있다. 이 모스·크라스는 초심자에게도 능숙자에게도 적합한, 폭이 넓은 성능을 갖고 있다.

일인승의 마크코니·리그는 스피드와 스릴이 풍부하여 젊은 사람들을 매료시키고 있으며, 레쟈, 시홉빠, 윈드콜, OK딩기 등 다양하다.

▲마르코니·리그인 휜

● 스탠딩·럭·리그

가호·리그와 매우 닮은 크래식한 리그이다. 제3 그림은 우리들에게 낯익은 A급 딩기인데, 이것이 스탠딩·럭·리그다. 1개의 마스트의 윗부분에 야드라고 하는 횡목의 1점을 로프로 끌어당겨 길게 올리고 돛을 다는 방식이다. 이 리그에서는 돛의 일부가 마스트의 앞에 와 있기 때문에 유체역학상으로도 필요없고, 이 리그는 시대적으로도 뒤떨어져 있어서 레이스용 배에는 쓰이지 않고 있다.

우리나라에서는 A급 딩기가 일부 사용되고 있으나, 세계적으로 크래식한 타입으로 간주되고 있다.

● 스룹

'하얀 아름다운 요트'라고 하는 말에서 오는 요트의 이미지는 2개의 돛을 단 보기 좋은 요트이다.

이론적으로는 한개의 돛보다 훨씬 성능이 낫고, 그리고 세련된 스타일을 갖고 있는 것이 2개의 돛이 달린 요트, 스룹이다.

스룹은 마스트의 뒤의 돛, 메인 세일과 앞쪽의 조금 소형의 돛, 지브 세일로 구성되어 있다. 스룹을 사용하고 있는 요트는 상당히 많고, 우리들이 자주 보는 요트의 대부분은 이 스룹이라고 말해도 좋을 것이다 (제4 그림).

제3 그림 A 크라스·딩기

470, 스나입, 시호스, Y — 15, FD, 505, 소린그 나 해양 레이스에 출장하는 크루저의 대부분은 모두 이 스룹이다.

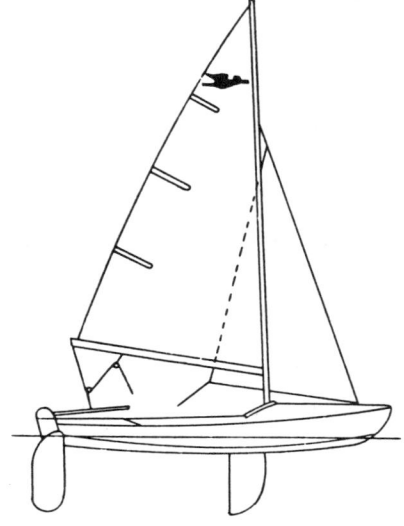

제 4 그림 스나입

▲스핀을 단 대중선 「스본」

▲전형적인 스룹(코타톤)

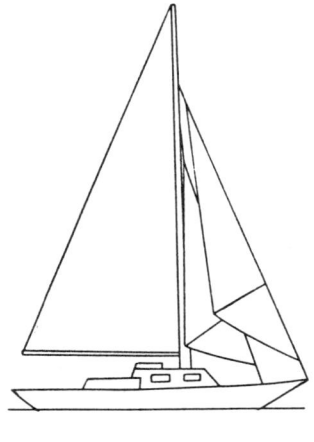

제 5 그림 커터

● 커터·리그

스룹의 호어 세일(앞 돛)을 2개 이상으로 나누어 사용하는 요트를 커터라고 한다.

세일은 사용하는 요트를 비교하여, 스룹이 중소형의 것에 많은 것에 비해 커터는 대형의 것에서 많이 볼 수 있다. 돛이 달려있는 모습은 아름답기 그지 없는데, 한국에서도 근래에는 자주 볼 수 있게 되었다. 제 5 그림이 커터·리그의 대표적인 스타일이다.

● 요르와 켓취

마스트를 2개 세우고 바람의 힘을 보다 크게 이용하려고 생각하여 만들어 낸 것이 요르와 켓취이다. 한국에서도 이 형은 중형, 대형 리크쟈로 많이 사용되고 있다. 앞 부분에 서 있는 마스트를 메인 마스트 라고 하고, 뒷쪽에 조금 작은 마스트를 미즌 마스트라고 부르고 있다.

요르와 켓취의 차이점은 미즌 마스트가 키의 축의 전·후에 있는 위치로 정해진다. 미즌 마스트가 키의 축의 앞에 있는 것을 켓취(제 6 그림), 뒷쪽에 있는 것이 요르(제 7 그림)이다. 또 다른 방법으로써 미즌 세일이 큰 것을 켓취, 작은 쪽을 요르라고 한다.

● 스쿠너

옛날의 범선은 세일이 옆으로 달려있는 횡범선이었다. 큰 횡범선이 종범선으로 바뀐 스타일, 이것이 스쿠너이다.

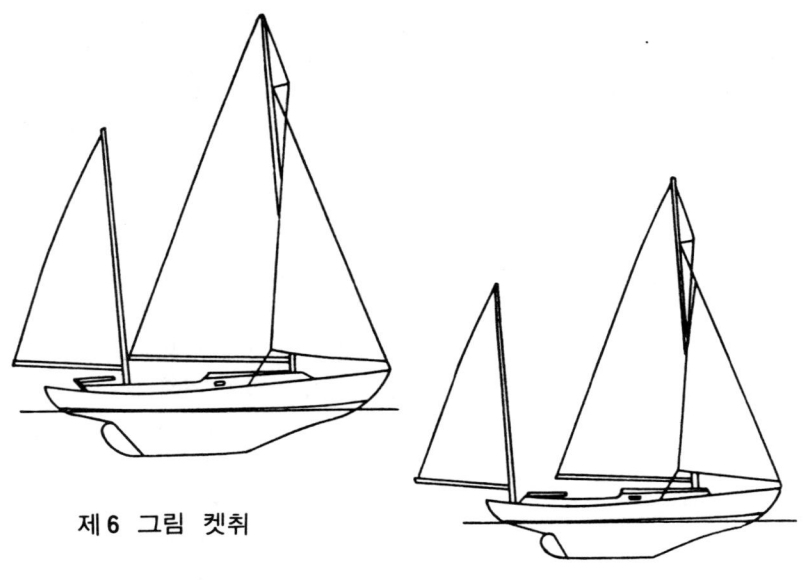

제 6 그림 켓취

제 7 그림 요르

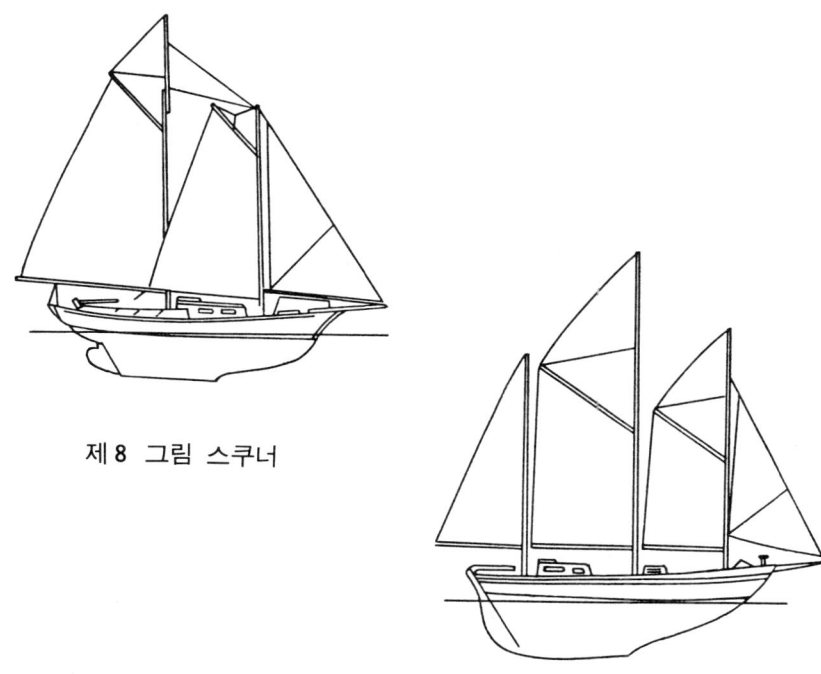

제 8 그림 스쿠너

제 9 그림 스쿠너

2개의 마스트의 스쿠너는 요르나 켓취와는 반대로 뒷쪽의 마스트가 메인 마스트가 되고, 앞쪽의 마스트가 조금 작고, 호어 마스트가 된다(제 8 그림). 3개의 마스트가 있는 경우는 메인 마스트의 뒷쪽에 미즌 마스트를 세우고 있는 경우이다(제 9 그림).

스쿠너는 종래의 횡범선에 비하여 경이적인 범주력을 갖고 있고, 여러가지 점에서 훌륭한 능력을 갖고 있다. 근대 요트의 스타일은 이 스쿠너에서 생겨난 것으로, 여왕과 같은 기품에 쌓여있는 스타일은 많은 요트맨의 동경의 대상이 되고 있고, 현재도 아메리카를 중심으로 만들어지고 있다. 그러나 경기정으로는 켓취, 요르에 한 보 양보하고 있는데, 구미에서는 호쾌한 오우션·레이스에서 사용되고 있어서 뉴스나 잡지 등에서 많이 보았을 줄 안다.

정체별 분류

요트는 정옆에서 바람을 받아도 그것만으로는 뒤집히지 않도록 만들어져 있다. 그것은 수중 부분의 구조가 보통의 배와는 상당히 다르게 만들어져 있기 때문이다. 시즌·오프(엄밀하게 말하면 없지만)에 배가 뒤집혀져 있는 것을 보면 수중 부분이 수상 부분보다도 높고 큰 것에 놀라지 않을 수 없을 것이다. 이 수중 부분(드라프트)을 분류해 보면 센터·보드, 휜·킬, 딥·킬의 3가지로 분류할 수 있다.

1. 센터·보드 정 (제10 그림)

정체의 중앙에서 철판, FRP판, 합판 등을 수중에 달아 매는 형으로, 특히 얕은 수중이나 추수로 달리는 경우는 센터·보드를 정내로 올리는 것이 가능하다. 470, Y − 15 그 외 대부분의 소형정에 사용된다.

2. 휜·킬 정 (제11 그림)

센터·보드정과 비슷하지만 중앙의 센터·보드는 고정시키고, 수중에 깊게 찔러 내놓고 있다. 그 아랫 부분은 주철이나 납 등을 달아 중심을 내리고 있다. 태평양 횡단을 하는 '마메이드 호'도 휜·킬정으로, 중형 크루저에 많이 사용된다.

3. 딥·킬 정 (제12 그림)

수중 부분은 정체와 일체가 되고, 최하부에 주철이나 납 등의 바라스트(추)를 끼워 놓고 있다. 이 형이 횡파에 가장 안전하여 대형 크루저의 대부분은 딥·킬정이다.

이상과 같이 요트는 수중의 밑의 형상에 의해 정의 횡 흐름을 막는 것과 함께, 중심을 가능한 한 내리고, 복원력을 크게 하려 하고 있다(제13 그림).

그러나 레이스 본위의 딩기에서는 이 성능이 없는 것이 많아지고 있다. 레이스 중에 자주 전복되는 것은 이 때문이다.

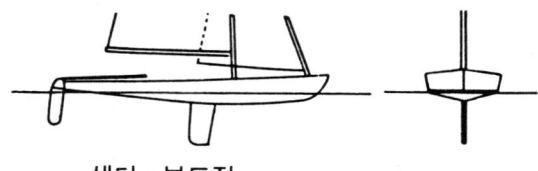

제10 그림   센터·보드정

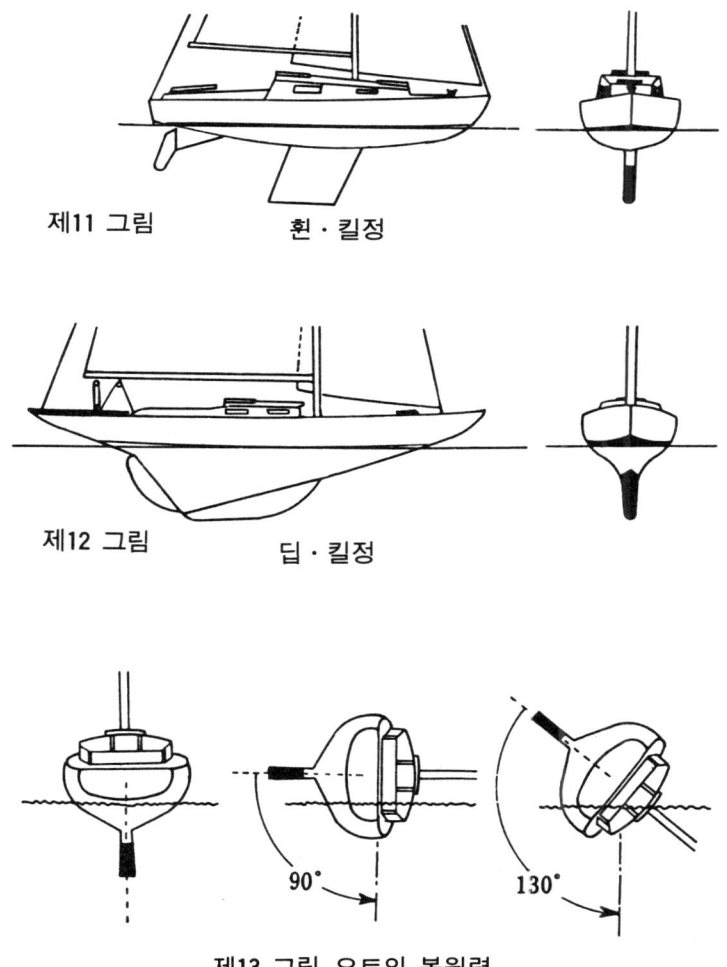

제11 그림　횐·킬정

제12 그림　딥·킬정

제13 그림　요트의 복원력

　요트의 복원력은(주로 크루저) 100도 이상이라고 말해지고 있다.
　이상의 것 외에 가까운 일본 등지에서 만들어지고 있는 특수한 타입으로서 미니·요트에 맞는 리·보드 정, 소형의 크루저에서 사용되어지는 리트라크타블·킬 정, 칭·킬 정이 있다.

● 리·보드 정
　정의 양 밖 쪽에 보드(판)를 붙여 횡 흐름을 막는다.
● 리트라크타블·킬 정
　휜·킬 정의 아래 반분을 잘라내 버리고, 그 부분을 센터·보드로써 정내로 수납이 가능하도록 한 형이다.
● 칭·킬 정
　휜·킬을 2개 붙였기 때문에 휜이 짧아지고 육상 보관도 안전한 잇점이 있다.
　이상의 특수형은 각각 메릿(장점)이 있는 대신에, 스피드나 그 외의 다른 디메릿(단점)이 있어서 그다지 많이 사용되고 있지 않다.

소재(素材)별 분류

　아주 옛날 인간이 배를 생각해 낸 후 지금까지 주요한 재료로 사용되는 것은 목재이다. 기선은 강철제로 만들어지지만 우리들이 타는 요트는 거의 전부가 FRP제나 목제이다. 배의 재료는 컬(용골)이 카키,

▲캬빈이 낮은 고성능인 레싱·크루저

▲건조중인 알루미늄 정

외판은 힌키가 경량, 탄력성, 배수성 등에서 최고 우수하다고 간주되고, 삼나무, 필리핀 마호가니(라왕) 등이 주로 사용되고 있다. 또 내수 베니야도 최근에는 많이 사용되고 있다. 태평양 횡단의 「마메이드 1세」호도 내수 베니야로 만들어진 것이고, 강도를 입증하는 결과가 되었다.

 마스프로를 필요로 하는 현대의 요트는 내구성, 경제성의 면의 요구에서부터 최근에는 FRP (강화 프라스틱) 제가 대부분을 차지하게 되었다. FRP는 유리 섬유와 폴리에스테르 수지를 몇 번이고 씌워서 정체를 만드는 것이다.

 이 외에 알루미늄제, 철제, 시멘트제도 있는데, 마스프로가 불가능하기 때문에 대형정에 한정되어 사용된다.

소형정과 크루저

요트를 즐기는 것에도 각각의 목적에 의해 정의 구조 방법이 달라지게 된다. 이것을 소형정과 크루저로 나누어 보겠다.

● 소형정

소형정은 레이스가 목적이기 때문에 어떻게 해서라도 스피드 본위로 설계해야 한다. 이 때문에 세일의 면적은 크게, 정체는 극력히 작게 주조되고 있다. 그리고 보다 스피드를 올리기 위해서 트라피즈, 붐방 등의 장치를 달기도 한다. 소형정은 보통정과 트라피즈 정으로 나뉘어지며, 각각 레이스를 행하고, 변형인 카타마라·요트(쌍동형 요트)는 모터 보트를 따라 잡을 수 있는 스피드를 갖고 있다.

스피드·머신이라고 말할 수 있는 레이서 장치를 달고 있는 다른 소형정으로는 훼밀리 타입의 소형정도 있다. 이 타입은 안정성에 중점이 놓여 있고, 타기 쉽고, 조작이 쉽도록 설계되어 있다. 동일 타입으로 장치를 달리한 레이서와 훼밀리 겸용의 정종도 있다. 소형정의 레이서로서는 470, N-14, 화이어 볼, 505, FD 등이 한국에 보급되어 있다. 훼밀리 겸용으로서는 시드, Y-15, 야마하-15, 시호스, K-16 등이 있다.

◀목제(木製)의 K-16

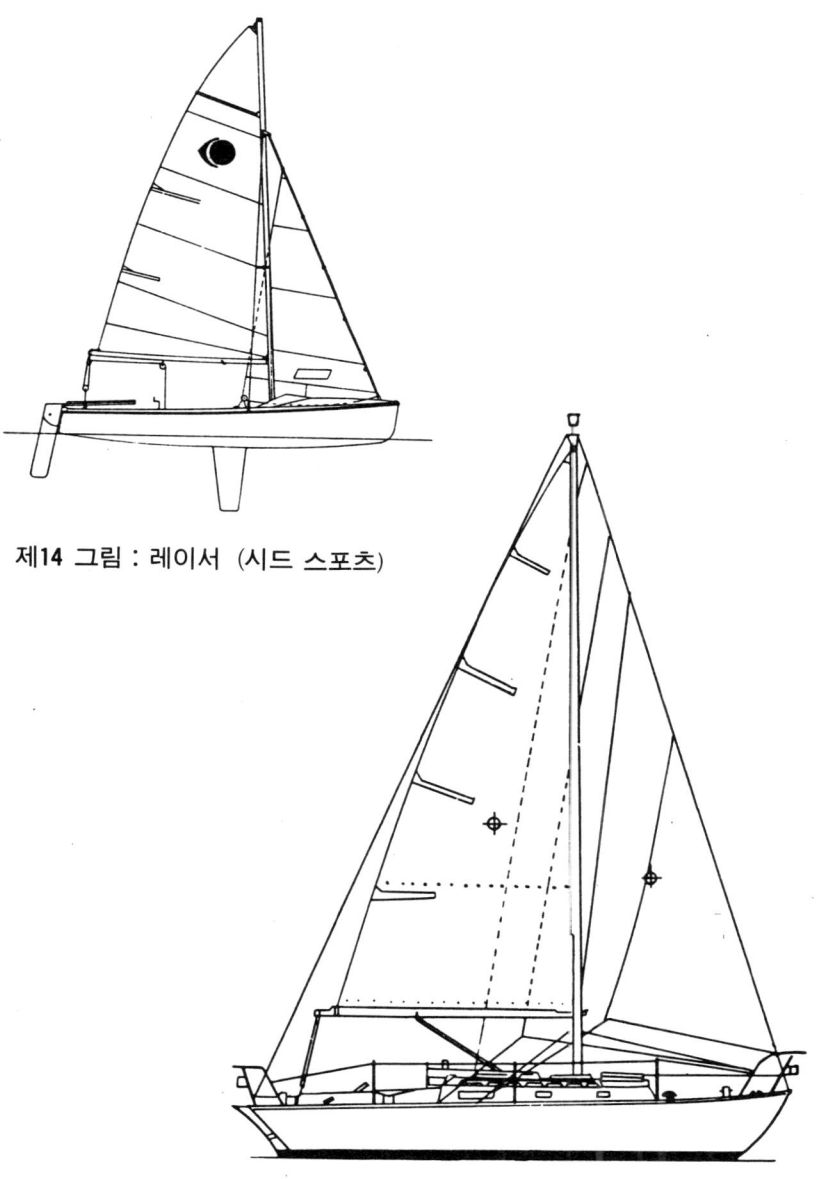

제14 그림 : 레이서 (시드 스포츠)

제15 그림 : 크루저

● 크루저 (순항정)

어떤 파도에라도 강하고 어떤 바람에라도 이겨 낼 수 있도록 만들어진 것이 크루저이다. 목적은 많은데, 크루징을(순항) 기대하는 것이기 때문에 온화한 바다에서 쾌적한 셀링을 맛볼 수 있는 것은 물론, 격렬한 풍랑이 습격해 들어 올 때도 까딱하지 않는 견고성과 안전도가 높게 설계되어진 것이다. 이 견고성의 제약이 있기 때문에 요트의 설계는 기선의 설계보다도 훨씬 어렵다고 하고들 있다. 최대한의 스피드를 기하고 있기 때문에, 크루저의 선실안은 호화스러운 객선에는 미칠 수 없다고 하더라도, 몇일간의 항해를 즐겁게 지내기 위해서는 4~6인용의 침대, 거실겸 식당, 부엌, 화장실, 냉장고, 식기용 선반 등을 준비해 놓아야 한다. 온 가족의 범주용 설비 일체가 있어야 한다.

크루저의 수가 증가해 가는데 따라서 호쾌한 오우션·레이스의 참가정이 증가하고 있다. 센프란시스코—호놀룰루의 트럼팩 레이스, 오스트레일리아의 시드니—호바드 레이스의 참가 등, 국제 레이스에서도 세계 레저인들이 모여들고 있다. 따라서 세계적으로 요트맨으로 그 이름을 날리고 있는 선수들을 배출한 아메리칸 컵에 우리나라가 도전할 날도 올지 모르는 것이다.

훼밀리 정 ▶

그러나 현재의 우리나라의 요트 수는 아직도 멀었다. 구미의 훌륭한 보급에는 미치지 못하지만, 장래에는 반드시 구미에 지지않는 크루저의 보급 시대가 올 것이다. 크루저는 오너 (소유자)의 기호에 따라 배안의 내부, 외부를 설계나 외관에도 상세한 주문을 하여 천차 만별을 이루고 있다.

그러나 최근에는 수요의 증가와 저가격 건조의 요구로 동일한 장치의 마스프로·크루저가 증가하고 있다.

▲킹 휫샤

▲스리 쿼터 톤급 대형 크루저

▲하프 톤급의 크루저 레이스

▲대형정의 윈치

올림픽·레이스

4년마다 열리는 올림픽은 참가 각국의 요트가 주최국에 모이고, 화려한 레이스가 전개된다. 레이스정은 올림픽 개최가 되는 해마다 조금씩 종류가 변해가고 있다. 1980년 소련에서 개최된 올림픽 레이스 정은 다음의 6종류였다.

① 휜
② 470
③ 후라잉·덕챤
④ 스타
⑤ 소링
⑥ 토네드

● 휜 Finn (일인승 센터·보드 정)

1952년에 행하여진 헬싱키·올림픽에서 일인승 정의 설계를 공모하여 결정한 형이다. 상당히 성능이 좋고, 1956년의 멜보른, 1960년의 로마, 1964년의 동경과 계속해서 사용되고 있다. 이 형은 주최국에서 준비하지 않으면 안되기 때문에, 일본에서도 올림픽의 때에 대량으로 주조하였다.

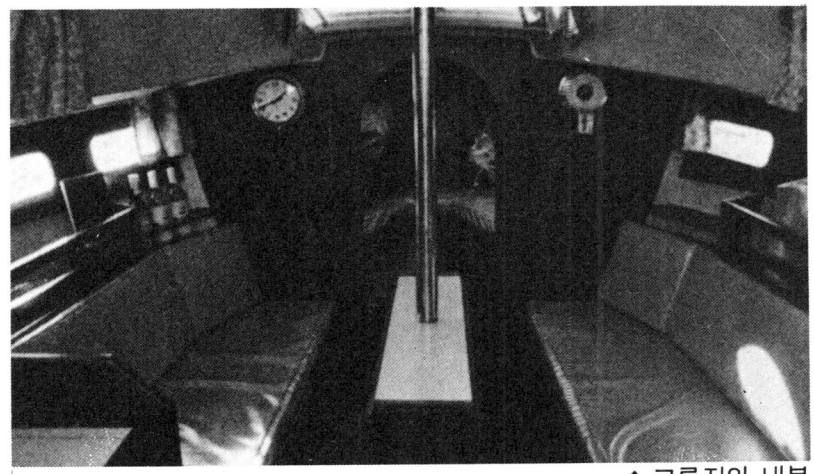

▲ 크루저의 내부

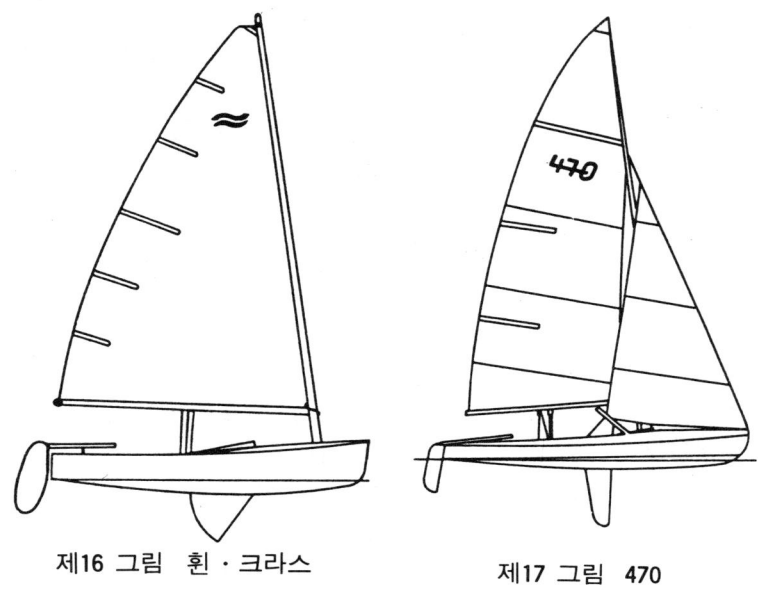

제16 그림 휜·크라스   제17 그림 470

● 470 (2 인승 센터·보드 정)

1914년의 프랑스의 앙드르·코르뉴의 설계. 세계적으로 보급된 성능이 좋은 트라피즈 정이다. 1964년의 몬트리올 올림픽에서 등장, 일본에서는 전 일본 학생 요트 연맹의 규격 정으로 대학 요트부를 중심으로 보급되어 있다.

● 후라잉·덕챤 (Flying Dutchnan) (2 인승 센터·보드 정)

1951년 오란드의 설계로 로마 올림픽에서 사용되어진 비교적 새로운 설계의 요트이다. 보기에도 스피드가 빠를 것 같은 스타일을 하고 있으며, 이크라스의 정으로서는 최고의 성능을 낼 수 있다고까지 말해지고 있다. 그러나 체중이 가벼운 한국인에 있어서 횡트와 마찬가지이지만, 체중이 무거운 외국인 쿠로에 대하여 고전하고 있다.

● 템페스트 (Tempest) (2 인승, 상·하식 휜·킬 정)

영국의 이반·브롯이 설계. 엄밀한 선고 테스트를 받아 올림픽 사용 정으로 뽑혀, 1972년, 76년의 올림픽에 출장 했었는데, 1980년부터 '스타'로 교체되었다. 전체 길이 22피이트(약 6,7 미터) 트라피즈로 호쾌한 레이스를 펼친다.

● 소링 (soling) (3인승 횐·킬 정)

노르웨이의 쟝·H·링의 설계. 드라곤으로 바뀌어 올림픽에서 사용할 예정으로 선택되었는데, 드라곤을 아까워하는 반대론이 일어, 1972년 뮌헨에서는 드라곤, 소링 모두 출장하였다. 1976년 몬트리올 올림픽은 소링의 출장으로 올림픽 최대의 요트로써 훌륭한 성능을 발휘했다. 전체의 길이는 26 피이트로 북구다운 밸런스가 잡힌 아름다운 요트이다.

● 토네드 (Tornade) (2인승, 카타마라 정)

옛날의 요트맨에게는 상상도 할 수 없었던 쌍동형의 스피드·머신이 이 토네드이다. 강풍에서는 모터·보트를 따라 잡을 정도이고, 1976년부터 올림픽에 등장했다.

● 스타 (star) (2인승, 상·하식 횐·킬 정)

1911년 아메리카의 스위슥스 설계. 이미 90년 가까이 되는 구식 설계이면서도 긴 기간 올림픽에 참가하여 사용되었다. 잠시 은퇴했었는데, 1980년 모스크바 올림픽에서 다시 출장하였다. 낮은 후리·보드, 높은 마스트, 큰 세일 에리어가 특징이고, 아름다운 모습을 지니고 있다.

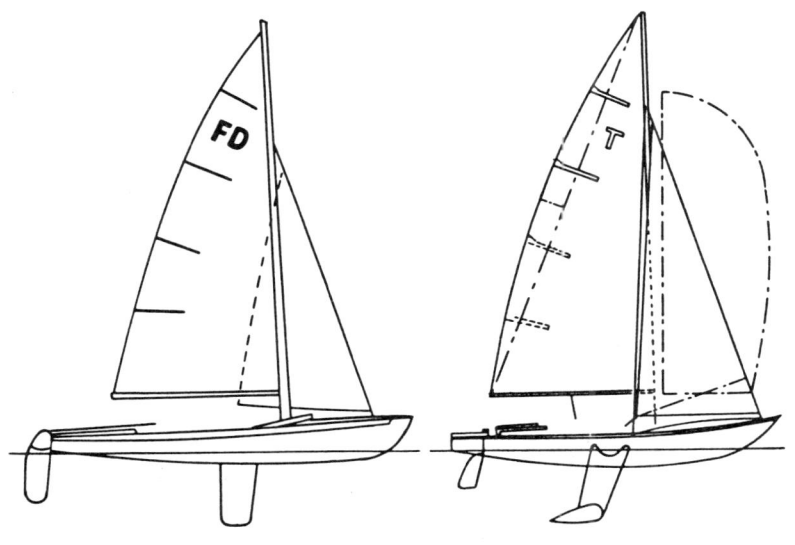

제18 그림 후라잉·덕챤   제19 그림 템페스트

● 일본에서 만들어진 요트

현재 이웃나라 일본에서 만들어지고 있는 소형정은 올림픽을 정점으로 하여 만들어진 스피드·레이서와, 일본인이 설계한 인기정이 있다.

전자는 올림픽의 채용정이고, 특히 대학 요트부 사용정인 470 크라스가 다량으로 생산되고 있다.

이 외에도 올림픽에는 사용되지 않았지만 세계적인 인기를 얻고 있는 505 크라스가 증가하고 있다.

후자로는 Y — 15(제24 그림), K — 16(제25 그림), 시라스, 시호스, 바고, 시드(제26 그림), 윈드콜 등이 있다. 외국의 설계로 국산화되어 있는 정종으로서는 쥬니어용 옵티미스트·딩기(제27 그림), 스나입, 야마하 — 15, 모스(제28 그림), 유럽, 디세라가 있다.

크루저는, 종류가 다양하고, 외국의 일류 디자이너에 의한 스피드정, 훼밀리 정에, 일본의 베테랑, 젊은 선수가 점점 신정을 만들어 내어, 작년의 뉴·디자인이 금년에는 이미 모습을 감추어 버리는 식으로 격렬한 제조 경쟁을 계속하고 있다. 이 레싱·크루저 이외에, 천천히 셀링을 즐기려고 하는 생각으로 훼밀리·크루저나 모터·셀링하는 모터·세라도 신형이 등장하고 있다.

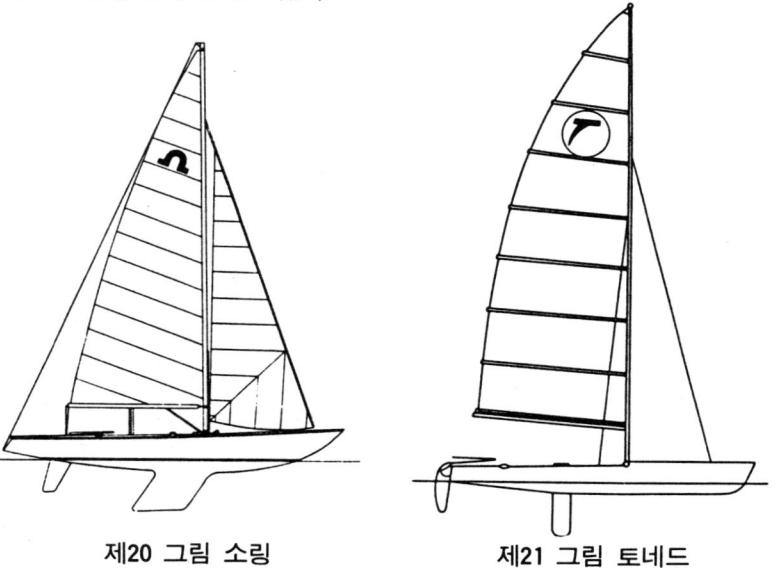

제20 그림 소링   제21 그림 토네드

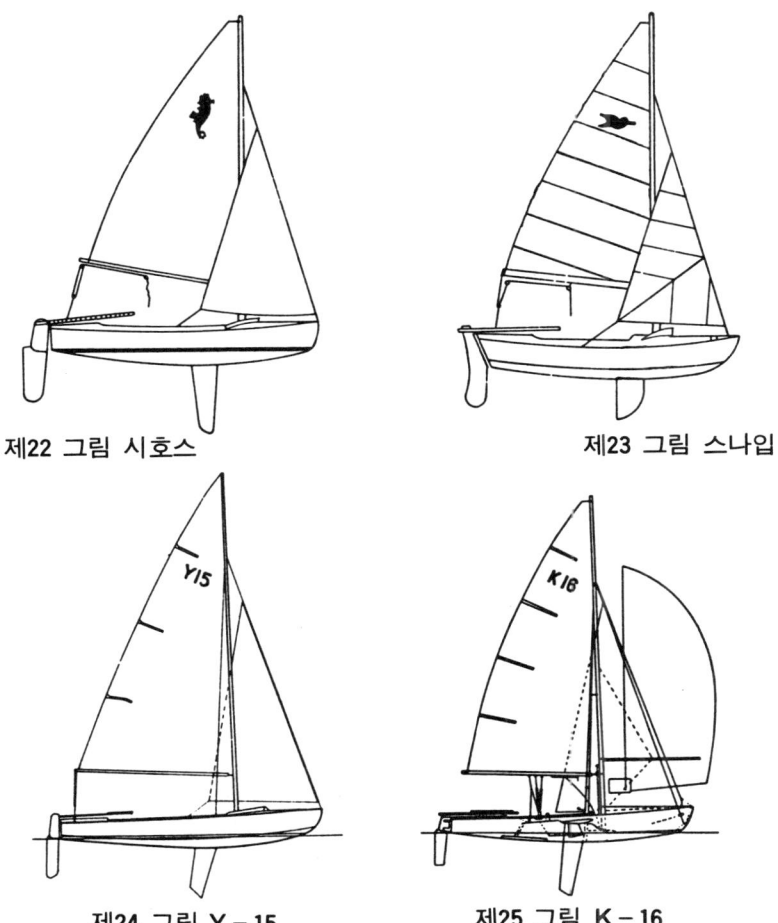

제22 그림 시호스

제23 그림 스나입

제24 그림 Y-15

제25 그림 K-16

훼밀리·크루저는 내장에 신경을 써야만 거주성이 높은 안전한 크루저로 쾌적한 항해를 즐길 수 있다. 또 아마츄어가 자신 스스로 만드는 요트도 증가하고, ABA (아마츄어·보트빌즈·어쏘시에이션)이라고 하는 단체도 있다.

모터·세라는 큰 마력 엔진을 달고 바람이 없는 때는 그것을 사용하고, 바람이 있을 때는 셀링하는 훼밀리 크루저로 종류도 많아서 애호가가 증가하고 있다.

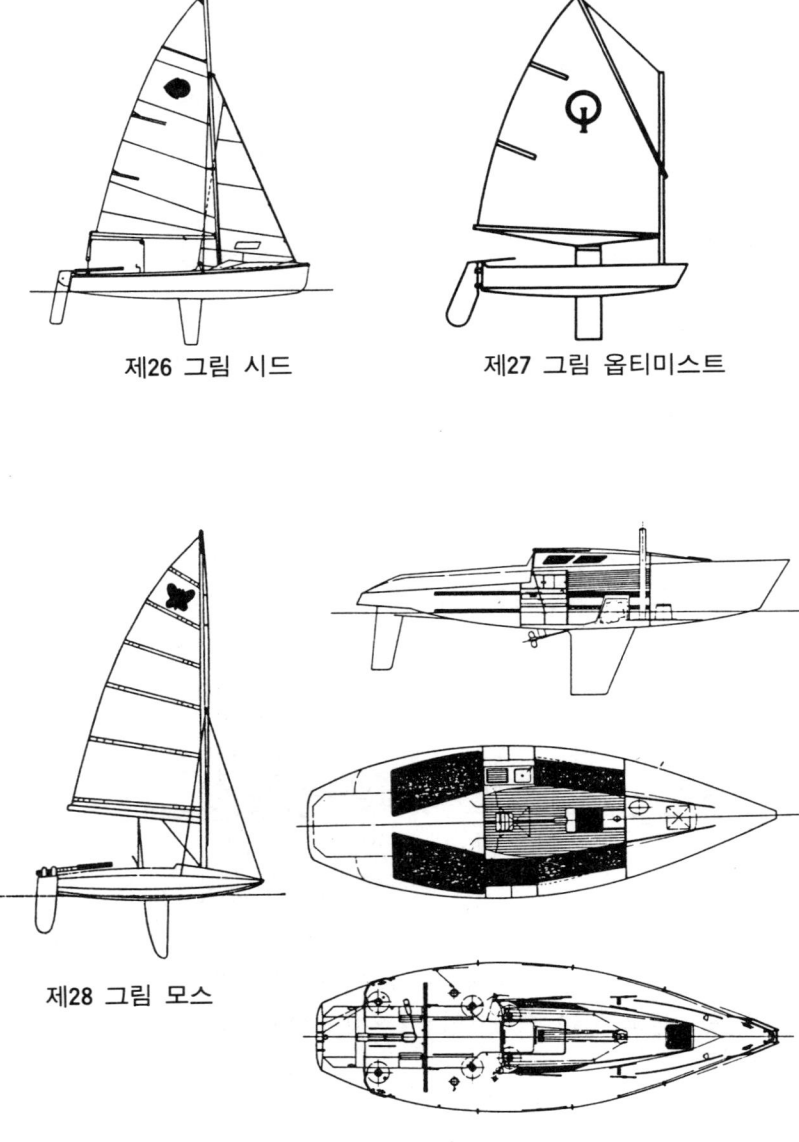

제26 그림 시드

제27 그림 옵티미스트

제28 그림 모스

제29 그림 고정 33 레싱스룹

4 요트의 각부 명칭

요트 용어

어떤 스포츠에서도 각자의 고유의 스포츠 용어가 있듯이, 요트의 경우도 요트 용어가 있다. 요트의 발상지가 영국이고 그 뒤의 발달도 영국, 미국을 중심으로 하였기 때문에, 요트 용어의 대부분은 영어이다. 이 용어를 잘 알아 두지 않으면 클럽, 그 외의 단체 행동에 있어서 불편하다. 위급할 때에 용어를 모르기 때문에 사고를 일으키는 경우가 있다. 철저하게 머리 속에 기억시켜 두어야 할 것이다. 요트의 용어에는 요트 각부 명칭과 셀링 용어가 있는데, 본장에서는 정체 각부 명칭을 취급하고, 셀링 용어는 각장에서 수시로 소개하겠다.

총괄적인 명칭〈제1 그림 참조〉

- 스타보드・사이드 (starboard side)
  우현. 전진 방향을 보고 우측
- 포트・사이드 (port side)
  좌현. 전진 방향을 보고 좌측
- 바우 (Bow): 머릿 부분
- 미드쉽 (Midship): 정체의 중앙 부분
- 스턴 (stern): 정의 끝부분
- 쿼터 (Quarter)
  미드쉽과 스턴의 중간 부분
- 콕핏트 (Cockpit): 좌석
- 보텀 (Bottom): 바닥
- 마스트 (Mast): 돛대
- 메인세일 (Main sail): 주돛. 메인 스루라고도 한다
- 지브 세일 (Jab sail)
  전범. 보통 약식으로 '집'이라고 부른다
- 센터 보드 (Center—board)
  미드쉽에서 수중으로 올라갔다, 내려갔다 하는 판
- 루더 (Rudder): 키
- 트랜샘 (Transom): 정 꼬리 부분의 판

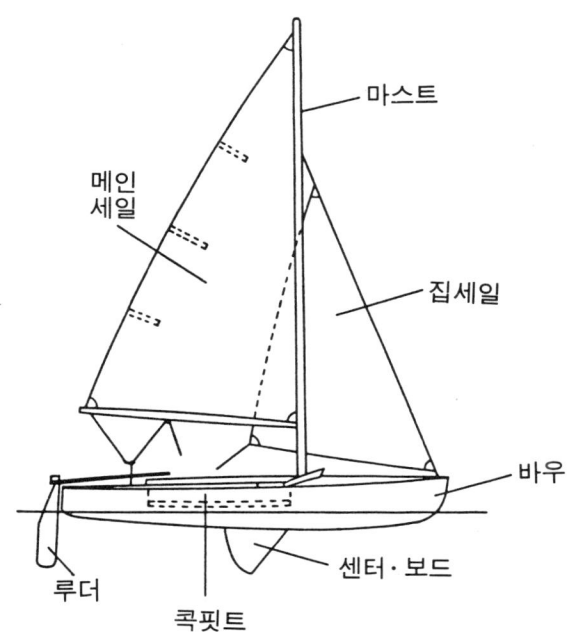

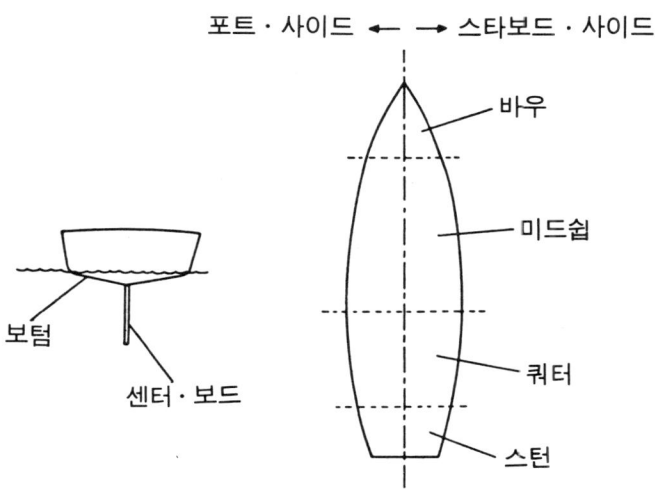

제 1 그림 요트의 총괄적인 명칭

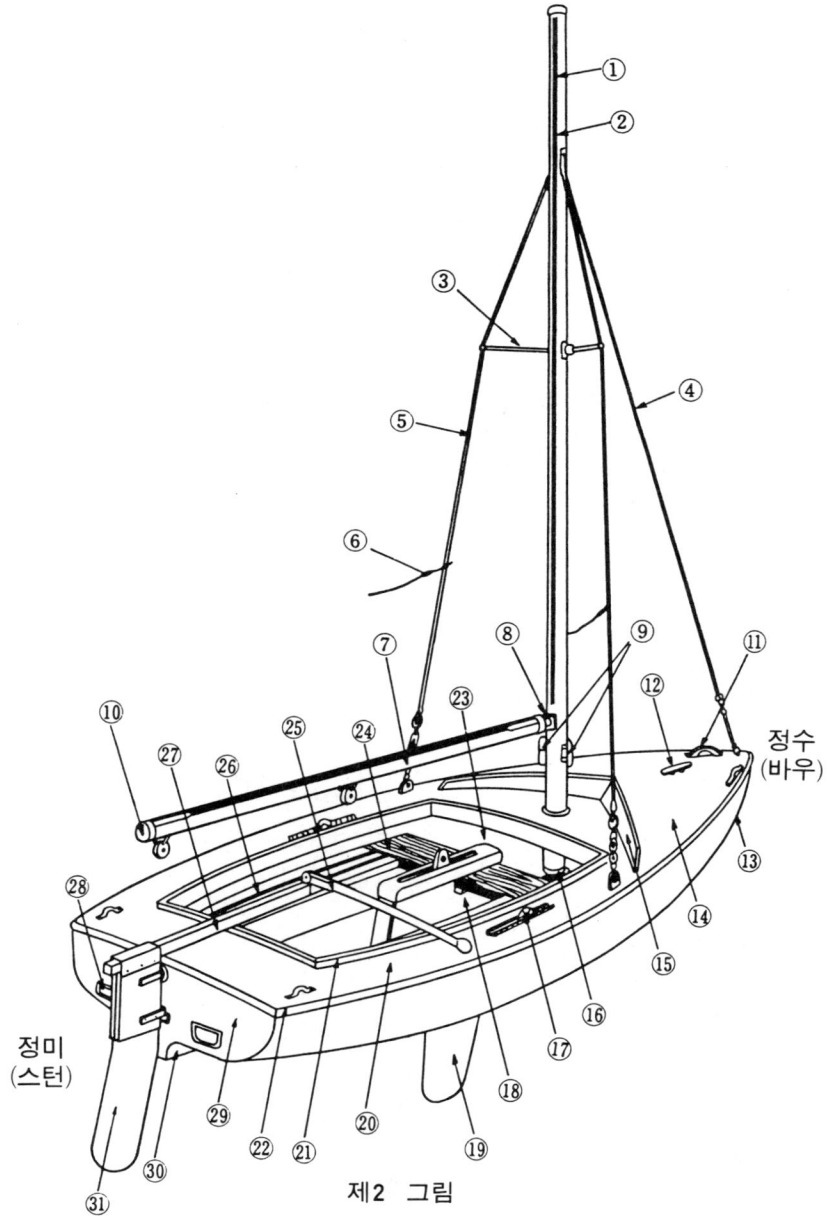

제2 그림

정체(소형정)의 각부 명칭

①마스트 ②그르브 세일의 보르트롭을 통하는 통 ③스쁘렛다 ④호이스테 ⑤사이드스테(슈라우드) ⑥풍견(카쟈미) ⑦붐 ⑧그스넥 ⑨크리트 ⑩붐엔드 ⑪바우쵸크 ⑫바우크리트 ⑬스템 ⑭호어딩기 ⑮워터브렉 ⑯마스트 스텝 ⑰집시트리다 ⑱센터보드랑크 ⑲센터보드 비봇트식(회전식)과 다가식(당겨 올리는 식)이 있다. 일반적으로 다가식이 많다. ⑳사이드딩기(간네르) ㉑코밍그(최근의 소형정에는 그다지 없다) ㉒휀다 ㉓콕핏트 ㉔스오트 ㉕에키스팅숀·티라(삽·티라) ㉖벤치 ㉗티라 ㉘셀프 베라(자동 배수기) ㉙트랜샘 ㉚스케그 ㉛라다

▲크루저·레이스

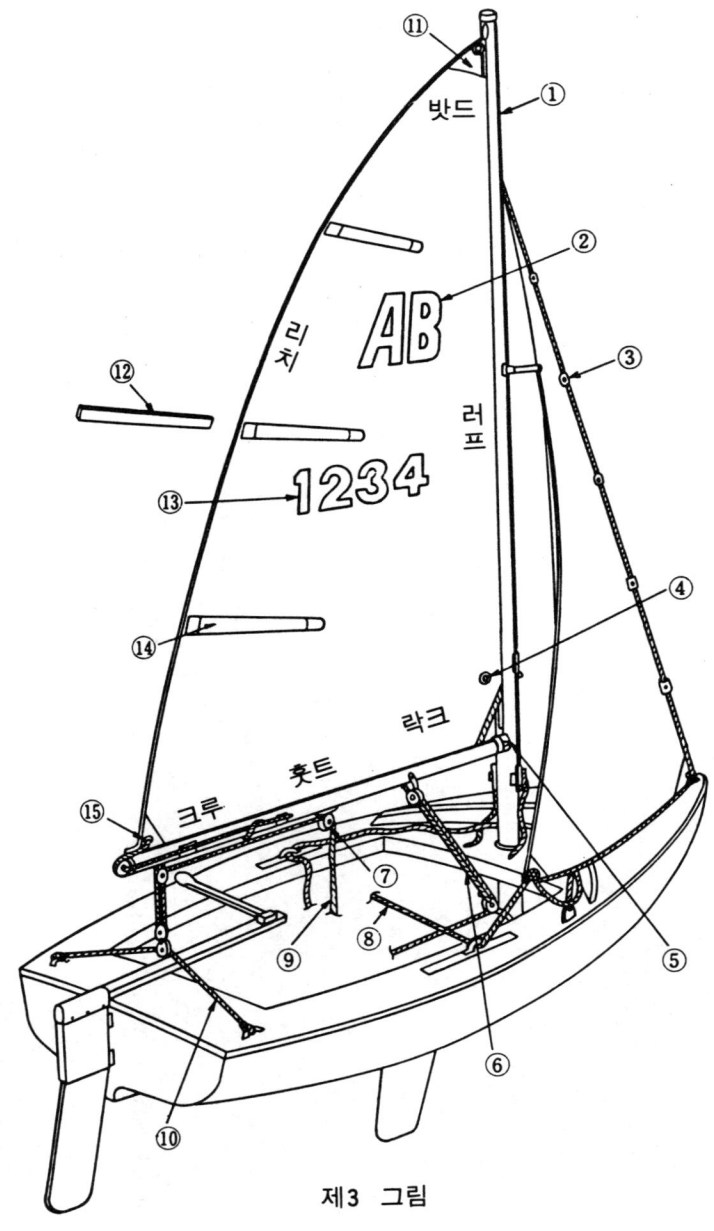

제3 그림

범장의 각부 명칭

①메인하리야드:메인세일을 올리는 것,집세일을 올리는 시트는 집하리야드
②세일 마크
③한크스 : 집의 러프를 호어스테에 붙이는 것
④탁크호르(다운호르):로프를 달아 아래로 당기고 세일을 호랏트한다.
⑤볼트 로프 : 마스트 붐에 끼워 넣기 위해 세일에 달려있는 로프
⑥붐쟝키:아빔이나 런닝으로 붐이 올라가는 것을 막는다
⑦시트 브록
⑧칩시트
⑨메인시트
⑩트라베라 : 콕핏트의 중앙에 있는 정도 많다.
⑪헷드 보드
⑫바란
⑬세일 넘버 : 각 정마다 다른 번호
⑭바튼포켓
⑮크루홀(아웃홀)

▲테러

▲붐과 메인시트

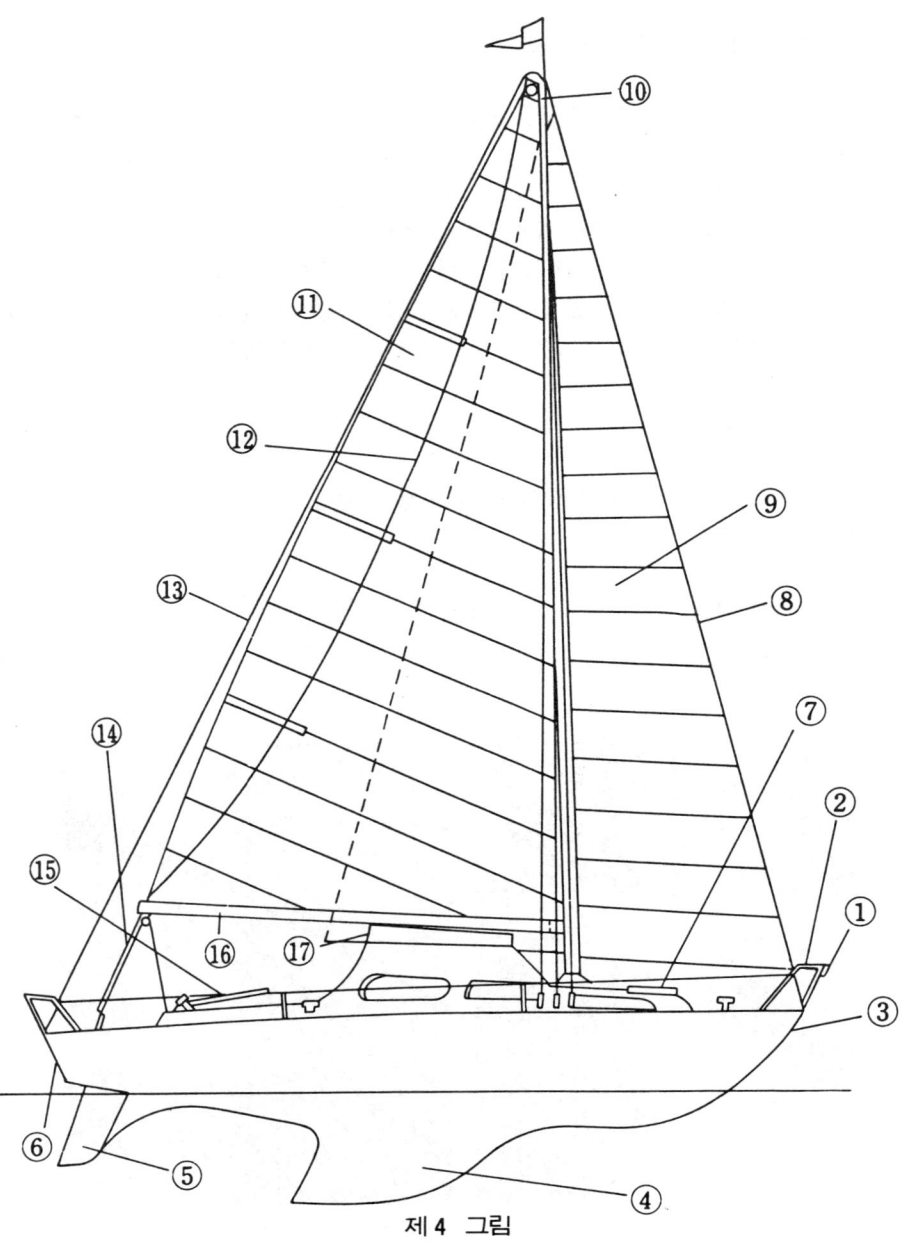

제 4 그림

대형정(딥·킬)의 각부 명칭

① 항해정 : 전진 방향으로 향하여 왼쪽이 적, 오른쪽이 녹
② 파르핏트 : 난간. 물에 떨어지는 사람을 방지한다.
③ 스템 : 용골의 최고 앞부분
④ 킬
⑤ 루더 : 키
⑥ 트랜샘 : 정의 꼬리의 판
⑦ 바우·핫치 : 호어·딩기의 출입구
⑧ 호어·스테이
⑨ 집세일
⑩ 마스트
⑪ 메인세일
⑫ 톳핑·리프트(붐·리프트) : 세일을 내린 때에 붐을 지탱하는 와이어

▲피터손 30의 계기류

▲피터손 30의 파워

⑬백·스테이:마스트를 후부에서 지탱하는 와이어
⑭메인·시트
⑮테이라
⑯붐
⑰스테이딩그·핫치 : 전부로 이동시키고 캬빈에 출입한다.
제 5 그림 소형 크루저
①배드 : 침대,파이프에 칸바스를 달고 또는 판을 달아서 메트리스를 위로 깐다
②선반 : 식기류,식료품 등의 선반
③싱크 : 사이드에 물 꼭지를 붙인다
④진발·스토브:양끝을 지탱하는 스토브를 달아 배가 기울어져도 떨어지지 않도록 한다
⑤챠트·테이블 : 해도를 펴놓아 코스를 잡는다. 하부에 물건을 넣는 장이나 얼음 냉장고 등을 준비한다.
⑥시트 : 좌석
⑦코타·바스 : 침대(콕핏트의 아래)
⑧스텐·핫치

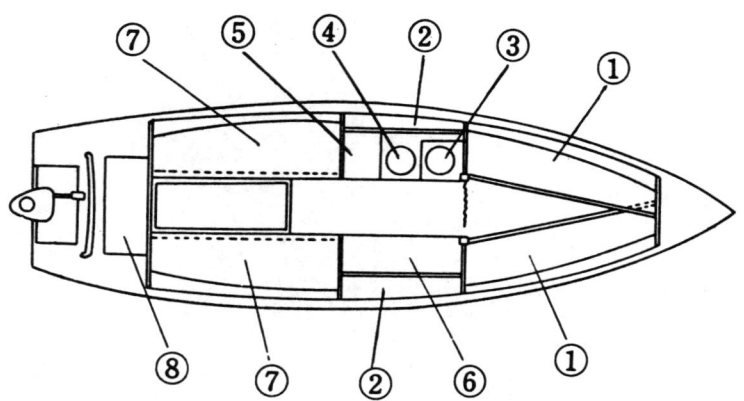

제 5 그림

요트의 구조

요트맨의 지식으로서

'판자 하나 아래는 지옥'이라고 말하듯이, 한 번 잘못하여 전복되어 버리거나 충돌해 버리면, 금방 생명의 위험을 느끼게 된다. 때문에 요트맨에 있어서는 자신이 타고 있는 요트에 최대의 관심을 기울여야 하는 것이 당연하다. 그 손질, 보존은 충분히, 아니 그 이상으로 완벽을 기해야 하며, 대충 좋은 정도로 해 두는 사람은 절대로 위험하다. 이런 사람은 좋은 요트맨이 될 수 없다.

이를 위해서라도, 요트는 어떻게 만들어져 있는가, 소재는 무엇인가, 구조의 분류, 세일의 종류 등, 모든 지식을 익혀 두어야 하는 것이다.

정체

●활주형과 배수형

배의 형태에는 크게 나누어 활주형과 배수형, 그리고 그 중간의 반활주형이 있다. 활주형과 배수형의 차이는 배가 달리면, 활주형은 뱃머리가 올라가고 수면을 미끄러지듯이 달리는데, 배수형은 활주(쁘레닝)하지 않는다.

바다나, 호수에서 경쾌하게 달리고 도는 런너바우트, 스텝파 등의 모터보트는 모두 활주형이다. 교통정, 연락선, 관광선 등 보통의 선은 배수형이다.

▲ 활주형 (470)

이것들은 사용 목적에 따라 흘수선(吃水線) 아래의 유체(流体) 설계를 바꾸어 만들기 위하여 생긴 형으로, 요트의 경우는 종래는 배수형이 많았었지만, 최근의 설계는 활주형, 반활주형의 요트가 증가해 가고 있다.

● 선저(보텀)

요트의 백 스타일은 인간과 마찬가지로 각각 스타일이 있다. 이 차이는 보텀의 종류가 되는 것이다. 보텀에는 많은 종류가 있는데, 대표적인 스타일로서는 라운드·보텀, V보텀, 억·보텀, 후랏·보텀의 4가지 종류를 들 수 있다.

▲ 배수형(스나입)

▶ 반활주형(시호스)

라운드 · 보텀(丸底)
가장 일반적인 스타일로, 딩기에서 크루저까지 널리 광범위하게 사용된다.

V보텀
보텀과 사이드(배쪽)에 경계선(챠인)이 붙고, 보텀이 V형으로 되어 있는 스타일이다. 스나입, 시라스가 이 형에 속한다.

억 · 보텀
보텀이 타원형을 하고 있다. 스타, 시갈, 스파로 등이 이 형을 사용하고 있다.

후랏 · 보텀
선저가 평평하고, 주로 정수용인데, 일인승의 '모스' 크라스가 스코 타입으로써 이 평저를 채용하고 있다.

외판(프랑킹)
완성된 요트는, 얼핏 보면 어느 것이나 모두 같은 모습인 것 같이

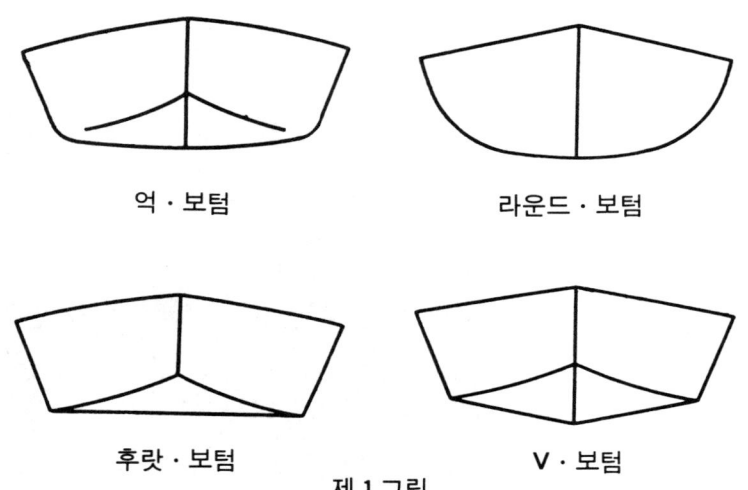

억 · 보텀   라운드 · 보텀

후랏 · 보텀   V · 보텀

제 1 그림

보이지만 잘 보면 여러 가지의 종류가 있음을 알 수 있다.
　목재도 있고, FRP(강화 프라스틱)제도 있고 또 합금이나, 시멘트제도 있다. 외장의 차이에 의해 건조비는 달라지고, 목재는 재료나 휘는 것에 의해 큰 차이를 가져 온다.

● 목　재

프라이우드(내수 베니야)

　보통 6미리 이상의 두께의 내수 베니야 판을 사용하여 외장한다. 킬(용골)에 조합한 흐램(조재)에 접착제와 못을 병용하여 붙인다. V·보텀, 억보텀 정 등에 많이 사용된다. 라운드·보텀 정은 곡선이 어렵고, 기술의 차이가 난다. 내수 베니야는 종래 히노키나 라왕 등의 단판에 떨어진다고 하지만, 최근에는 향상되고, 그다지 변하지 않게 되었다. 합판 정은 건조비가 싸기 때문에 자작 정에도 많이 쓰인다.

더블·프랑킹

　히노키나 라왕판을 두께 6~10미리 적당한 길이의 판으로 하여 흐램의 바깥쪽에 비스듬히 붙이고, 못으로 고정시킨다. 그 위에 거꾸로의 방향으로 비스듬히 또 하나의 판을 겹치고, 접착제와 못을 병용하여 붙인다. 비스듬히 하지 않고 똑바로 붙이는 경우도 있는데, 이 더블·프랑킹은 목재로서는 일반적인 붙이는 방법이다.

싱글·프랑킹

　싱글에는 카페르·프랑킹과 크링카의 2가지 종류가 있다.
　a. 카페르·프랑킹…가늘고 긴 판자를 킬의 선에 합치고, 흐램에 붙여가는 방법으로, 판과 판의 사이가 비지 않도록 마린파테 그외로 딱 합친다.
　b. 크링카…건축의 남경하견과 마찬가지로 가늘고 긴 판을 아래에서 겹쳐 붙여 가는 것이다. 크래식한 맛이 있는 느낌이 드는 붙이는 방법이다. 일본에서는 A급 딩기가 크링카 방식인데, 정체가 무거워지기 때문에 그다지 일반적은 아니다.

▲上 : 프라이우드   下 : 크링카

● FRP(강화 프라스틱)제

FRP는 유리섬유와 폴리에스테르 수지와를 몇번인가 층층이쌓아 두께 5〜15미리의 정체에 장치하는 것이다. 정의 구조는, 목제와 상당히 차이가 많이 난다. FRP정의 크기는 킬도 흐램도 없이, 스트링가(종통재)가 있을 뿐이다. 도장도 FRP는 게르코트(도료)를 최초에 형에 흘려 넣기 때문에 뒤의 도료는 필요 없다. 또 바꾸어 바를 걱정도 없다. 그러나 거꾸로, 일단 구입한 다음 정의 색을 바꾸어 즐길수 없다는 뜻이 되는데, 그것은 대단치 않다고 말하는 요트맨도 있다.

목조 정의 완성의 좋고, 나쁨은 기술자(목수)의 팔이 좌우하는데, 좋은 기술자가 매년 적어지고 있기 때문에, 어쩔수 없이 FRP제로 이동하는 사정도 있다. FRP 정은, 모형에 유리 섬유를 붙이고 압착하는 기술만 있으면 되기 때문에 비교적 쉽다.

● 알루미늄

FRP와 알루미늄의 소재를 비교한 경우 대형선에 있어서는 알루미늄의 정쪽이 성능적으로 우수하다고 하여 오더매드의 레싱·크루저에 쓰여지고 있다. 태평양이나 대서양을 횡단한 업쇼어·레이스에도 등장해 있다.

● 시멘트

철, 그외의 선재를 사용하고, 망상(綱狀)으로 정체를 만들어 훼로.

▲ 上 : FRP　　　　下 : 시멘트

시멘트를 칠한다. 한 척마다 손으로 만들기 때문에 자작 정에 적합하고, 외국에서는 자작용 설계도를 판매하고 있다. 일본인이 자작한 시멘트 크루저 '아키즈시마'가 세계 일주를 했다.

도장 (塗裝)

도장은 선체를 영구히 유지시키기 위하여 빼놓을 수 없는 요소이다. 목조 정의 통상의 도료는 우선 마린파테로 프랑킹의 엉성한 틈을 매우고, 철 부분에는 녹이 슬지 않게 하는 것을 바른 다음 페인트를 칠한다. 페인트 도장은 최저 4회 덧 칠한다. 덱키나 사이드의 가장자리는 니스로 칠하여 마무리 한다. 때때로 볼 수 있는 갈색의 요트는 전체를 니스로 칠한 사치스러운 도장인데, 최근에는 에포키스 계의 도료에서 니스로 변화되고 있다. 선저는 해초나 조개류가 부착하지 않도록 목제도, FRP제도 특수 도료로 도장한다.

▲도장(塗裝)도 즐거운 일이다.

마스트와 세일

마스트의 재료는 최근에 목제에서 알루미늄제로 바뀌어 가고 있다.
목제는 가볍기 때문에 공중에서 만들어지고 있다. 마스트를 세우는 방법은 덱키를 통하여 킬로 세우는 스루·마스트와, 덱키로 세우는 온 덱키·마스트가 있다. 스피드를 겨루는 레이스는 마스트를 바람에 휘어지게 하여 효과를 올리기 때문에, 마스트의 좋고 나쁨은 문제가 된다. 세일의 소재는 전쟁 전에는 면(범포)으로 한정돼 있었으나, 현재는 테트론이 주 재료이다. 테트론과 나일론을 비교하면, 테트론 쪽이 늘어남이 적고 형이 살기 때문에 메인세일, 집세일에 사용되며, 나일론은 스핀네카(추풍용의 세일)에 적합하다.

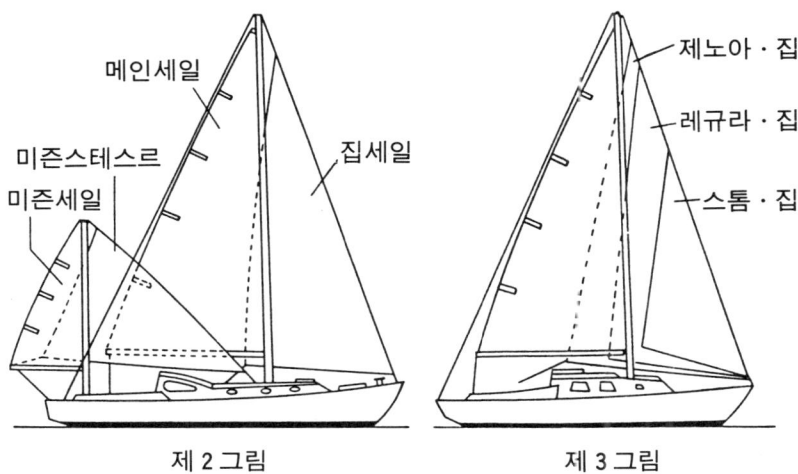

제 2 그림   제 3 그림

● 세일의 종류

세일은 요트의 종류에 따라 여러가지가 사용되고, 각각 고유의 종류 명칭이 붙어 있는데 우리들이 잘 타는 요트에 대해서 만은 그 종류를 들어 보겠다. 메인 마스트에는 메인 세일이 붙는다. 켓취나 요르등의 미즌 마스트에 붙여지는 것이 미즌 세일이다. 미즌 마스트에는 메인 마스트와의 중간에 미즌스테스르를 붙인다. 메인 마스트의 앞부분에는 집 세일을 붙이는데, 집에는 바람의 상황에 의한 면적이 다른 많은 종류가 있다. 강풍 때에는 가장 면적이 작은 스톰·집, 약풍용의 제노아·집은 멘스루 보다도 크고 그 중간에 레규라·집이 있다. 이 외에 런닝용(추풍)에, 바람을 잔뜩 내포하는 스핀네카가 있다.

오우션·레이스에서는, 각정의 집의 취급 방법이 승패에 큰 영향을 준다. 즉 불어오는 바람의 속도에서 판단하여 가장 적절한 세일을 사용하여야 하고, 또, 세일 교환의 빠르기 등이 중요한 요소가 되는 것이다. 또 각 정의 다양한 스핀네카는 레이스의 색채를 더욱 화려하게 한다.

세일·마크

파란 바다를 조용하게 미끄러져 가는 요트의 돛에는 모두 무엇인가의 마크와 번호가 붙어있다. 이 마크는 크라스를 표시하고 있고, 그리고 번호는 공식 번호로 각 크라스의 협회에 소속하여 공인되어진 것이다. 때문에 마크를 보면 그 요트는 어느 크라스인지 이내 알 수 있다 (제 4, 5 그림).

또 번호는 레이스 때에 도착 순서를 보기 위하여 특히 필요하다. WORC (세계 범주 협회)의 오우션·레이스 정은 번호를 보기만 해도 정명을 이내 알 수 있다.

▲스핀네카로 쾌주하는 크루저

▲쾌속을 자랑하는 레이서 「505」

제 4 그림

제 5 그림

부 속 품

요트의 부속품에는 의장할 때 붙이기도 하고, 준비하기도 하는 것과, 셀링(특히 크루징)을 위하여 준비하는 비품이 있다. 크루징할 때의 비품은 '크루징'의 장에서 설명할 것이기 때문에, 여기에서는 요트를 구입하는 때에 주의할 부품에 대하여 서술한다.

● 로프

요트는 정체와 세일, 거기에 로프가 첨가되어야 완성된다. 로프가 없으면 세일을 올릴 수 없고, 조작할 수 없고, 정을 조정할 수도 없다. 좋지 않은 로프를 사용하여 사고를 일으키는 예도 있다. 로프의 선정, 보관, 교체에는 정체와 마찬가지로 충분히 신경쓰고 주의를 기울여야 한다.

로프의 소재

옛부터 사용되어 오는 것이 마인데, 최근은 나일론, 테트론, 비닐론 등의 화학섬유 로프로 바뀌어가고 있다.

로프의 종류

로프는 사용되어지는 장소에 따라 명칭이 바뀌는데, 소재는 변하지 않고, 정의 크기 용도에 따라 두께를 달리하여 사용할 뿐이다.

무아린·로프는 계류 등에 사용된다. 앙카·로프는 앙카 전용의 로프. 스티는 마스트를 앞·뒤에서 지탱하는 로프로 스텐레스·와이어가 사용된다. 하리야드는 세일을 마스트 상부로 끌어 당겨 올리는 로프이고, 시트는 세일을 조작하는 로프이다. 이것들은 세일의 종류에 따라서 메인시트, 메인·하리야드, 집·하리야드 등으로 불리워진다.

▲콕핏트는 정확히 정리

● 앙카 (닻)

배, 군함, 해군 등을 상징하는 것이라고 하면 얼른 떠오르는 것이 앙카이다. 앙카는 배를 바다의 위험에서 보호하는 중대한 역할을 갖고 있다. 강풍으로 배가 옆으로 넘어지려 하는 것을 막기도 하고, 장해물에 가까이 하여 부딪치는 것을 막고, 안전한 정박을 시키는 것도 모두 앙카가 하는 일이다. 그렇기 때문에 바다에서 사는 사람들의 심볼이 되어 있는 것은 당연한 것이다.

이 앙카에는 많은 종류가 있는데, 일반적으로 잘 알려져 있는 것은 스톡·앙카(해군형)이다. 이 외의 덴호스·앙카, 스톡레스·앙카, 홀딩·앙카 등이 있다. 덴호스·앙카는 얇은 철로 만들어진 것으로 경량인데, 부드러운 해저에서는 30~100배의 중량을 지탱하는 힘을 갖고 있다고 한다. 크루저·요트는 이 앙카를 2개 이상 준비하고 있다.

스톡레스·앙카는 스톡·앙카의 개조형으로 대형선에 사용된다.

홀딩·앙카는 소형으로 작게 구부려져 있기 때문에 수습이 편리한 앙카이다. 성능은 조금 떨어지지만, 요트의 예비 앙카로써 최고로 적합하다. 맛슈름·앙카는 소형으로 부피가 크지 않아서 운반이 편리하기 때문에, 소형정이나 크루저의 예비 앙카로 사용되고 있다.

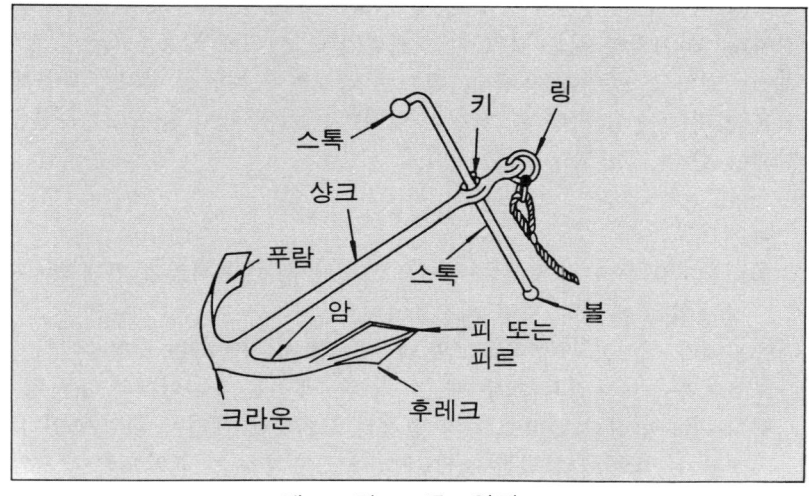

제 6 그림 스톡·앙카

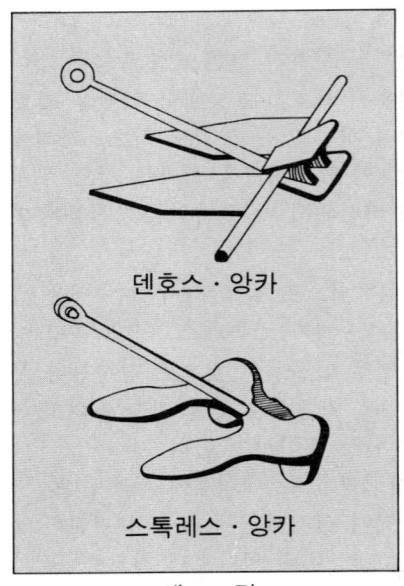
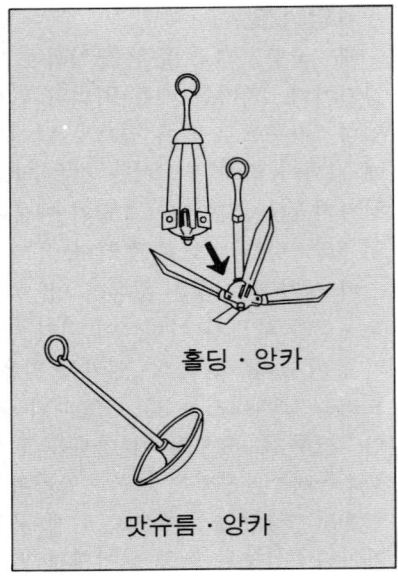

제 7 그림   제 8 그림

● **금구**(金具)

요트 각 부분에 붙여진 금구는 녹이 슬지 않아야 하는 것이 제 1 의 조건이다. 최저격인 것은 철의 아연 메끼인데, 이외에 황동, 포금, 스텐레스, 경합금 등이 사용된다. 요트는 끊임없이 해풍을 받기 때문에 철은 이내 녹슬어 버린다. 메끼는 벗겨지면 이내 녹이 슬므로 손질을 잘해야 한다.

● **기타**

위스카・봄………소형정이 런닝으로 달릴 때 메인세일의 반대쪽에서 짐 세일을 내걸기 위한 지침봉이다.

스핀네카・봄………후리로 스핀네카를 걸 때 사용하는 지침봉이다.

보트・훅……… 정의 계류 때, 그 외에 사용하는 올마이티의 나무 봉.

휀다……방현재, 칸버스 등의 면천의 보자기에 패킹이 채워져 있다. 정체가 암벽이나 다른 정에 부딪쳐도 충격을 받지 않도록 정체의 측면에 붙들어 맨다. 면천의 보자기에 폴리에스테르제도 있다.

요트의 보조 기관

요트가 크루징하기 위해서는 우선 좁은 강 입구에서 나오지 않으면 안된다. 거기에는 엔진이 아무래도 필요하다. 또 큰 바다의 한 가운데이기 때문에 갑자기 바람이 없어지기도 하고, 태풍이 몰려와 일각이라도 빨리 항구로 피난하지 않으면 안되는 등에는, 엔진은 절대로 빼놓을 수가 없다. 그렇기 때문에 크루저·요트는 반드시 보조 엔진을 준비하고 있다. 그러나 요트는 바람의 힘에 의해 주력을 얻는 것이기 때문에, 엔진은 어디까지나 보조적인 역활을 하는데 그친다. 물론, 요트 레이스에서는 엔진의 사용은 인정되지 않는다.

● 엔진의 종류

요트의 보조 엔진으로써 사용되는 것은 2 가지 종류가 있다. 일반적으로 정의 길이가 24피이트 정도(약7, 3미터) 이상의 대형정은 인보드 엔진(선내기)을 사용하고, 24피이트 이하는 아우트보드·엔진(선외기)

▲ J-24의 바우, 미드쉽

을 사용하고 있다. 이 2가지 종류의 엔진의 구별 사용은 정의 크기와 정을 사용하는 목적, 오너(소유자)의 기호에 따라 결정되어진다.

인보드 · 엔진(선내기)

정체의 내부에 엔진 본체를 붙이고, 샤프트로 정 외의 프로펠라를 돌리는 엔진이다. 선내기에는 경유로 달리는 디젤 · 엔진과 가솔린으로 달리는 가솔린 · 엔진이 있다. 이것을 비교하면, 디젤 쪽이 소리도 크고, 진동도 강한데, 견고성, 경제성의 점에서 가솔린 · 엔진보다 낫다. 요트의 과반수가 디젤 · 엔진을 사용하고 있다. 엔진의 마력은 정체의 크기, 목적에 따라 다른데, 3마력 이상의 선내기를 붙이고 있다.

아우트보드 · 엔진(선외기)

엔진 본체를 트랜샘에 붙이고, 필요하지 않을 때는 간단히 떼어 낸다. 프로펠라 샤프트에는 장 · 단의 2가지 종류가 있다. 요트에는 주로 장축이 사용된다. 인보드 · 엔진에 비하여 유리한 점은,
1. 경량
2. 정내는 엔진의 부분이 없기 때문에 널리 사용된다.
3. 셀링 때, 떼어 낼 수 있기 때문에 편리하다.
4. 가격이 저렴하다.

결점으로는,
1. 같은 마력이라도 힘이 없다.
2. 위치가 정의 꼬리 부분이기 때문에, 거친 바람으로 배가 흔들리면, 프로펠라가 공중으로 나오기 때문에 공중에서 회전하는 위험한 사태가 생길 수도 있기 때문에, 날씨가 나쁜 날은 적합하지 않다.
3. 내구도가 떨어진다.
4. 연료비가 비싸다.

메이커는 주로 외국산(外國産)이며, 스즈끼, 혼다, 토하쯔, 야마토, 야마하, 크라이스라, 마큐리, 존슨, 볼보, BMW 등이 있다. 엔진은 금속제이기 때문에 손질이 잘 되어 있지 않으면 오랜 기간 사용할 수 없기 때문에, 손질이나 보관은 항상 충분해야 한다.

출발 준비…

기상 상황

출발에 즈음하여 가장 문제가 되는 것은 범주시의 날씨이다. 요트는 물론 바람이 전혀 없으면 달릴 수 없다. 그렇다고 바람이 너무 강해도 곤란하다. 강풍이 불면 정을 조작하기 대단히 어려워지고, 과도하게 경사가 지면 마스트나 붐이 부러지기도 하고, 마침내는 전복하는 위험이 생기기도 한다. 요트맨은 기상 예보 지식이 필요하다. 그것과 동시에 출발 전의 날씨 예보도 반드시 조사해 두어야 한다.

일기 예보를 아는 방법으로는,
1. 신문의 일기 예보도 및 예보
2. 라디오, 텔레비젼의 일기 예보
3. 전화 서비스에 의한 일기 예보
4. 기상대가 발표하고 있는 주간 예보(매주 화요일, 금요일에 내고 있는 1주간 분), 장기 예보(매월 10일과 말일에 1개월 분, 20일에 3개월 분의 예보) 등이 있다.

조수

바다에는 만조, 간조가 있고, 그것을 간단히 말하면, 달이나 태양의 인력에 의한 것이라는 것을 알고 있겠지요? (제 1 그림). 이 인력이 지구 표면에 작용하는, 해면이 상승하는 현상을 조수라고 한다. 조수는 달의 영향이 가장 크기 때문에, 조수의 하루 주기는 태양이 하루 운행하는 주기와 같고, 그 평균은 약 24시간 5분이다. 이 사이에 보통 2회의 고조(만조) H·W와 2회의 저조(간조) L·W가 있다. 고조에서 다음의 고조까지는 약 12시간 25분, 또 오늘의 첫번째 고조보다는 내일의 1회째의 고조의 시간쪽이 50분 늦어지는 것을 알 수 있다. 음력은 달의 주기를 기준으로 한 달력인데, 그림의 관계에서 음력의 1일과 15일(만월)이 대조가 되고, 8일(상현)이 소조가 되는 것을 알 수 있다. 실제로는 초 또는 만월 때보다 대조가 되는 날은 한국 해안에 있어서는 1~2일이 더 걸린다. 이렇게 늦어지는 것을 조령이라고 한다.

그리고 바다에서 정을 말뚝에 붙들여 맬 때, 닻을 내릴때 등은 만조, 간조일 때를 고려하여 묶는 방법, 망의 길이를 결정한다. 특히 수시간

이상 바다 위에 머무를 때 주의하지 않으면 정이 바다속으로 처박히게 된다. 또 휜킬 정은 얕은 곳에 정박하면, 간조 때에 옆으로 쓰러질 위험이 있다.

● 조수류

 만조, 간조에 동반하여 당연히 거기에는 왕복 운동하는 조수의 흐름이 생긴다. 이 주기적인 유동을 조수류 또는 조류라고 하며, 한국 근해를 흐르고 있다. 친조, 흑조 등의 해류와는 구별되어지고 있다. 조류는 대양에서는 그다지 눈에 띠는 흐름을 나타내지는 않지만, 큰 만의 입구, 수로 부분이나 갑의 끝 부분, 해협 등에서는 빠른 속도로 흘러 10미터 정도로 흐르는 곳도 있다.

 소형정이 조류의 흐름이 빠른 곳을 거슬러 올라가며 통과하면, 당연히 스피드가 떨어지고, 경우에 따라서는 조수에 떠내려가, 전진 불가능한 경우가 생기기도 한다. 그런 경우가 없도록 조수표에 의해 조수의 흐름의 방향과 정의 전진 방향을 맞추고, 조수에 거슬러 올라가는 일이 없도록 해야 한다.

 크루징 때는 조수표, 조류를 참고하여 그 때의 그래프를 그려 두고, 그것을 해도에 붙여 놓으면 여러가지로 편리하다.

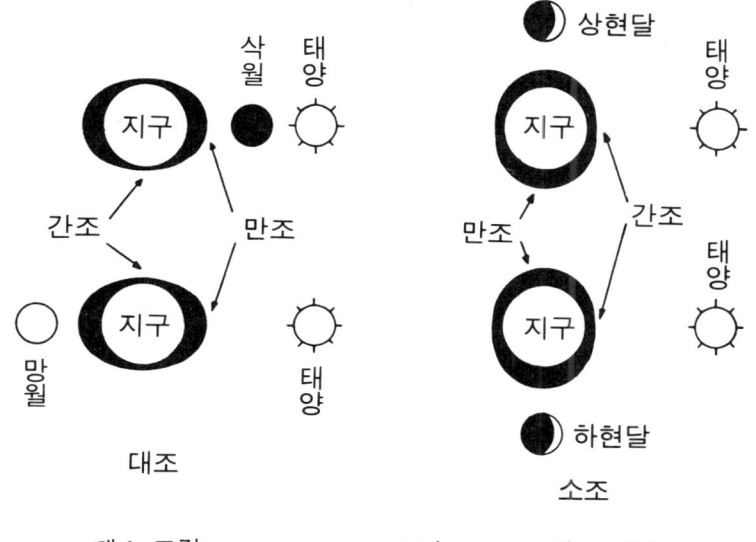

조수

제 1 그림   제 2 그림

로프 사용 방법

요트는 범주중은 물론, 출발 준비에서 출발, 범주, 착정, 육상으로 올라올 때까지 로프의 신세를 진다. 요트는 로프에 의해 조작된다고 해도 과언이 아니다. 로프의 사용 방법을 마스터하는 것은 요트맨으로서의 기초이고, 그리고 동시에 바다의 엄숙함에 대한 마음의 올바른 가짐과도 통하는 중요한 것이다. 로프의 정리는 귀찮은 것이다. 꼬여 있기도 하고, 풀어지기도 하고, 특히 묶어 두었던 로프는 진흙 투성이인 때가 많다. 그러나 일단 위급의 상황에서는 꼭 필요한 것이 로프이다. 날마다 로프를 정돈해 두어야만 한다.

● 로프의 끝 마무리

로프의 끝은 그냥 두면 가닥이 저마다 풀어져 버린다. 막상 사용하려고 할 때 그만 귀찮은 생각에 끝을 잘라 버리고 만다. 이렇게 하면 점점 짧아지게 되어 버린다. 새로운 기분으로 사용할 수 있도록 끝 마무리를 해두자 (제 3 그림). 특히 화학 섬유 로프(나일론, 비닐론)는 끝에 화열을 대어 풀어지지 않도록 단단히 하는 방법이 사용되고 있다(제 4 그림).

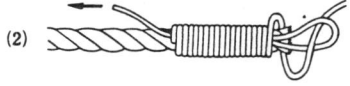

제 3 그림

● 로프의 정리

여분의 로프는 항상 정리해 두는 습관을 몸에 붙여 둔다. 칠칠하게 되어있는 로프는 요트맨의 창피이다. 또 급히 사용해야 할 때에 헝클어진 로프는 사용할 수 없다. 참고로 제 5의 그림을 실어 둔다.

제 4 그림

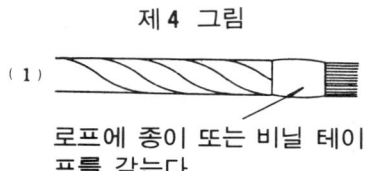

로프에 종이 또는 비닐 테이프를 감는다

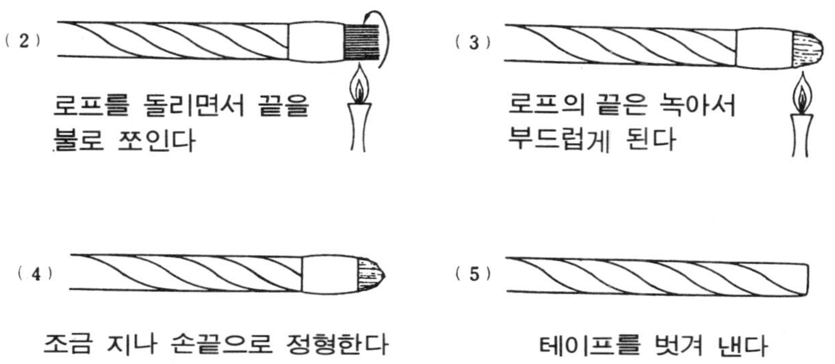

(2) 로프를 돌리면서 끝을 불로 쪼인다

(3) 로프의 끝은 녹아서 부드럽게 된다

(4) 조금 지나 손끝으로 정형한다

(5) 테이프를 벗겨 낸다

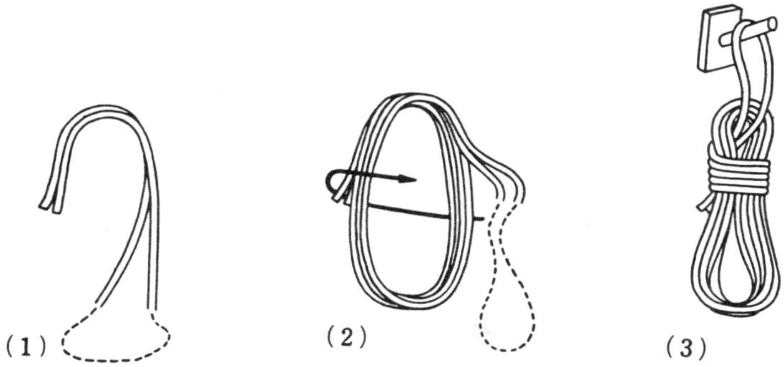

(1)　　(2)　　(3)

제 5 그림

● 로프 묶는 방법

셀링에서 사용하는 로프의 묶는 방법은 옛날부터 여러가지의 방법이 사용되어져 오면서, 그 중에서 제일 좋다고 생각되어 진 것이 지금까지 남게 되어 현재에 이르고 있다. 무엇보다도 확실하게 재빨리 묶을 수 있고, 당기면 당길수록 묶이며, 게다가 가능한 한 간단히 풀리는 것이 조건이다. 때로는 실제로 로프를 사용하는 연습을 하고, 어둠 속에서도 묶을 수 있도록 숙련시키도록 한다.

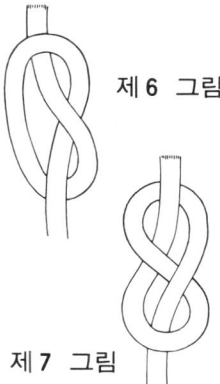

제 6 그림

제 7 그림

(1) 로프에 혹을 만든다

브록(滑車)에서 로프가 빠지지 않도록 하기 위해서나 로프의 끝이 풀리지 않도록 하기 위해 사용된다.

오버·핸드·놋트(제 6 그림), 휭거·에이트·놋트(제 7 그림)— 강하게 너무 지나치게 묶으면 풀기 어려운 결점이 있다.

(2) 말뚝에 정을 붙들어 맨다.

바우라인·놋트(제 8그림)— 말뚝 보다도 크게 묶으면, 조수가 밀려와 정이 상하로 움직여도 안전하다. 그외, 이용할 수 있는 종류는 여러가지 있다. 이 응용으로써 런닝·바우라인(제 9 그림)이 있다.

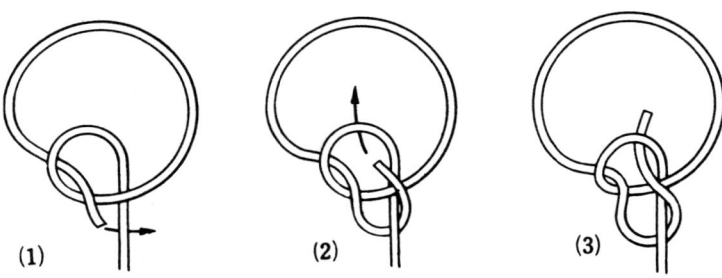

제 8 그림 바우라인·놋트

(3) 로프와 로프를 묶는 시트·벤드(제10 그림) : 두꺼운 로프와 가는 로프 또는 같은 두께의 로프를 연결하는 경우에 사용한다.

더블·시트·벤드(제11 그림)— 중간에서 2중으로 감은 것으로, 1중보다 슬립이 덜 된다.

(4) 야드, 붐 등에 로프를 묶는다.

크랍·힛치(제12 그림)—

A크라스·딩기 등의 가호·리그는 돛의 윗부분에 야드(돛을 넓히기 위한 봉)가 있다. 마스트의 끝

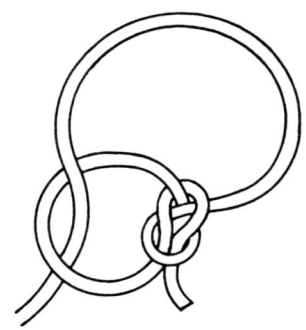

제 9 그림 런닝·바우라인

에서 내려져 있는 하리야드를 이 야드에 묶어 세일을 올린다. 그 외 마스트, 말뚝, 목재, 지주 등에 로프를 고착할 때에 사용한다. 크랍·힛치는 한쪽의 로프가 상당히 당겨져 있지 않으면 풀려 버리는 경우가 있다. 또 젖으면 단단해져서 풀려고 하면 더욱 단단해 져서 풀기 어려운 결점이 있다. 때문에 젖지 않는 장소에서 사용하는것이 안전하다.

로링·힛치(제13 그림)—

크랍·힛치의 응용인데 밖에 감긴 것을 두번 더 감는다. 주의로써는, 당기는 로프가 2회 감겨있는 쪽으로 가도록 하는 것이다. 1회 감은 쪽으로 끌어 당기면 미끄러지는 경우가 있다.

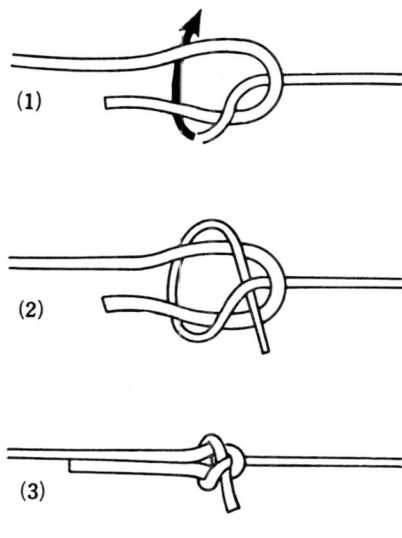

제 10그림 시트·벤드

(5) 크리트 묶음(제14 그림)

하리야드, 시트류를 크리트에 묶을 때 사용한다. 이것은 크랍·힛치의 응용이다

(6) 로프를 합쳐 꼬아 매듭을 만들지 않고 연결하는 방법

숏·스프라이스(제15 그림)—이 방법은 연결한 곳이 두껍게 되거나, 구멍에 가득차서 통과할 수 없게 되지 않도록 주의가 필요하다. 요령은 평직으로 짠 것을 전체로 돌려 가면서 한올 한올을 끼워 넣는 것이다.

롱·스프라이스(제16 그림) — 3개로 꼬여 있는 로프를 한올씩 풀어, 세가닥으로 나누어 합치된 곳을 묶어 꼬아 넣는다. 3올로 꼬인 로프가 4올이 되기 때문에 너무 두껍게 되지 않도록 해야 한다. 또 숏·스프라이스에 비하여 장력에 있어서는 약하게 된다.

아이·스프라이스(제17 그림) — 아이를 만드는 것으로, 로프의 끝을

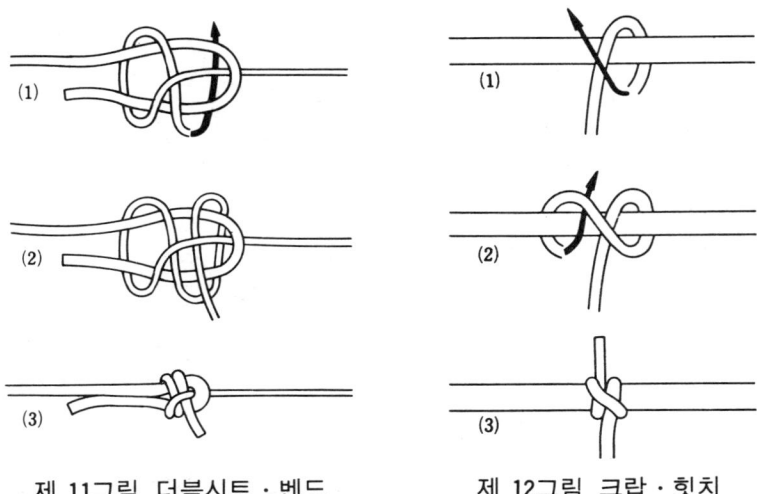

제 11그림 더블시트 · 벤드   제 12그림 크랍 · 힛치

풀어, 본체의 로프에 한올 한올 평직을 만들듯이 돌리면서 끼워 넣는다. 끼워 넣는 횟수는 한올에 4 ～ 5회가 필요하다. 그림에서 보면 귀찮을 것 같지만, 실제로 해보면 비교적 간단하다.

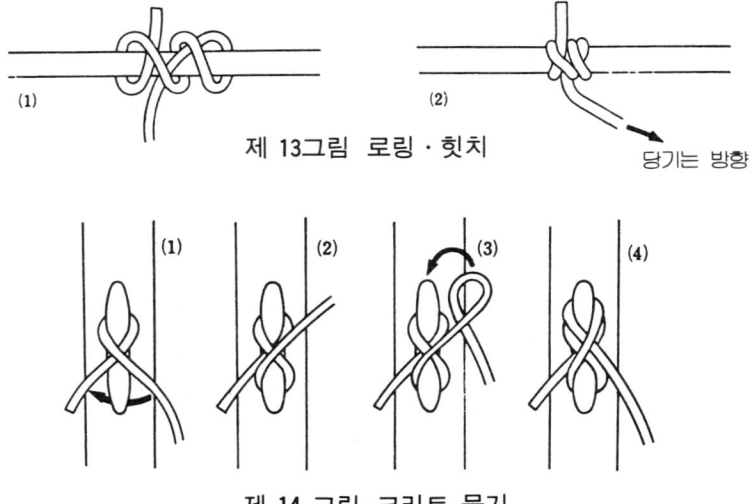

제 13그림 로링 · 힛치

제 14 그림 크리트 묶기

제 15 그림 숏・스프라이스

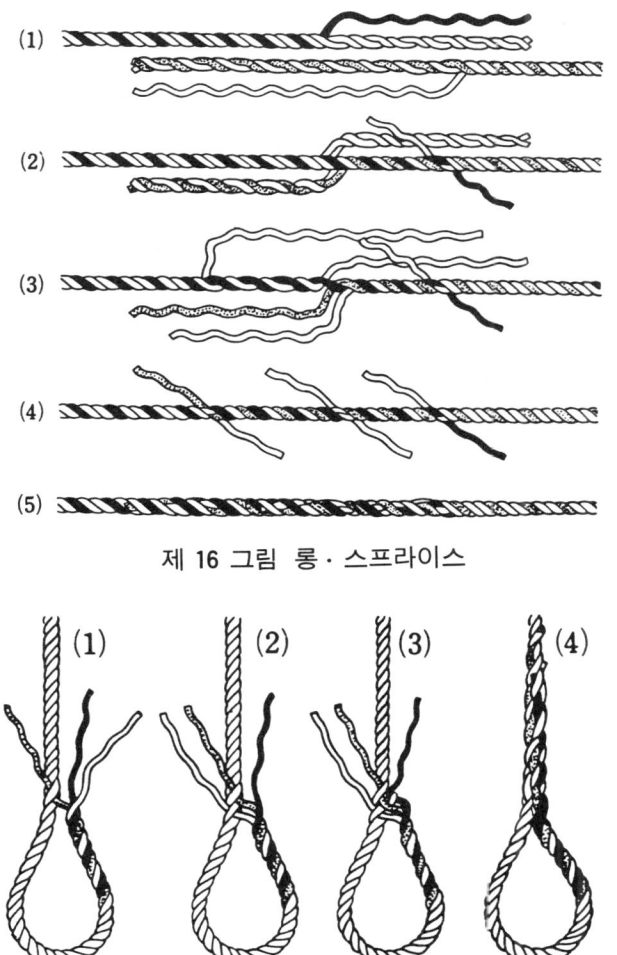

제 16 그림 롱・스프라이스

제 17 그림 아이・스프라이스

시트·벤드

① 가는 로프를 두꺼운 로프 쪽으로.

② 그 위에 가는 로프 쪽으로 통과시킨다.

③ 서서히 당겨 묶는다.

④ 완성.

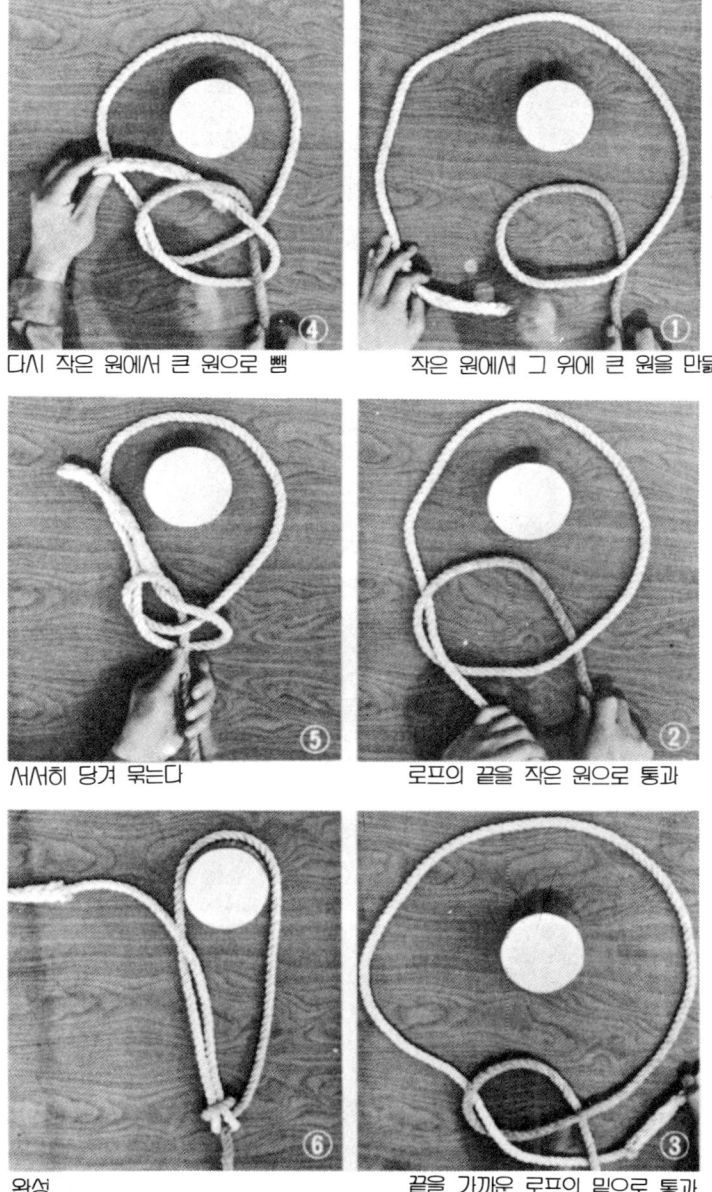

크랍·힛치

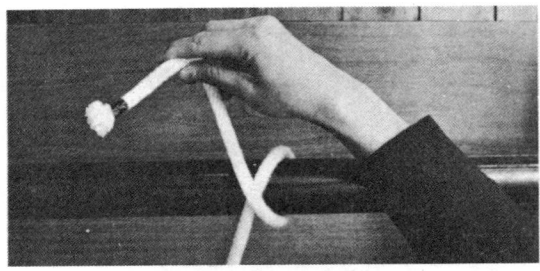

① 걸린 로프의 바깥쪽으로 감는다.

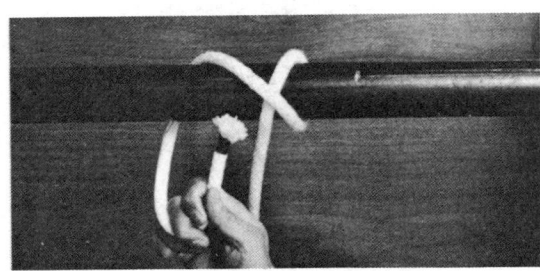

② 그 위에 로프의 끝을 가운데로 통과시킨다.

③ 서서히 당겨 묶는다.

④ 완성.

요트의 출발까지

 소형정을 창고에서 끌어 내어 운반할 때는 우선 상처를 내지 않도록 한다. 발이 끼이거나, 스쳐 내는 일이 예상 외로 많다. 충분히 주의해야 한다. 정을 끌어 당기거나, 던져 끌어 내는 등의 행위는 금해야 한다.

● 의장(艤裝)
 요트의 의장은 해상에서 하는 것 보다도 육상에서 하는 쪽이 보다 쉽고 확실하게 할 수 있다. 단 이 경우는 센터·보드, 키는 정을 해상에 띄우고, 필요한 수심이 되는 곳에서 내려야 한다.
 이상 순서를 따라 설명하겠다.
 ① 마스트를 세운다
 ② 사이드·스티를 건다 ―이 작업은 양 현을 동시에 행한다
 ③ 호어·스티를 묶는다
 ④ 메인·세일을 붐으로 통과시킨다
 ⑤ 붐을 마스트에 붙인다
 ⑥ 집세일을 집스티에 붙인다
 ⑦ 하리야드를 풀고, 각각 세일에 붙인다
 ⑧ 바튼·포켓에 바튼을 넣는다
 ⑨ 집·시트를 양 현으로 풀고, 훼어리다에 붙인다
 ⑩ 메인·시트를 순서에 따라 붙인다. 이상의 작업이 끝나 준비가 되면 정을 해면에 내린다
 ⑪ 정을 해안에 붙잡아 맨다
 ⑫ 센터·보드를 내린다
 ⑬ 루더(키)를 붙인다
 ⑭ 메인·하리야드를 당기고, 메인·세일을 올린다
 ⑮ 집·하리야드를 당기고, 집세일을 올린다. 세일은 올라가면 바람에 옆으로 휘어지게 되며, 뒤에는 붙잡아 매둔 것을 풀고 발정을 기다린다

메인 세일을 붐에 통과시킨다

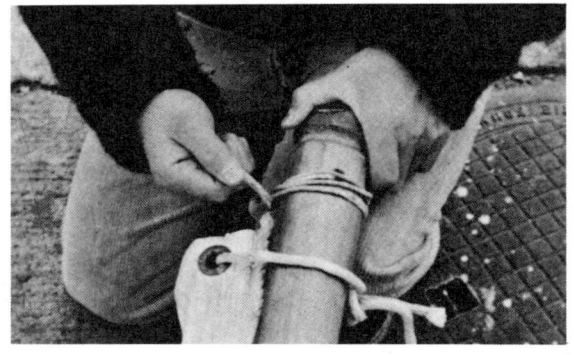

메인세일은 느슨해지지 않도록 붙인다

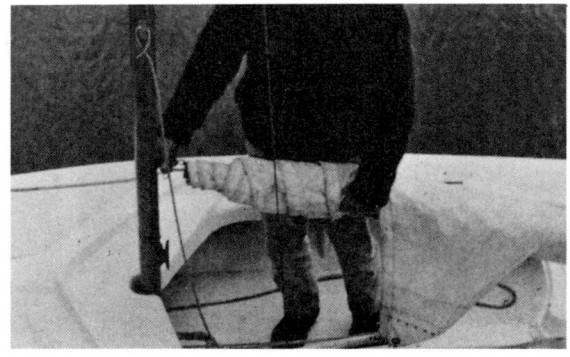

붐을 마스트에 붙여 점검한다

집세일의 붙임.
샥클을 단단히
묶는다

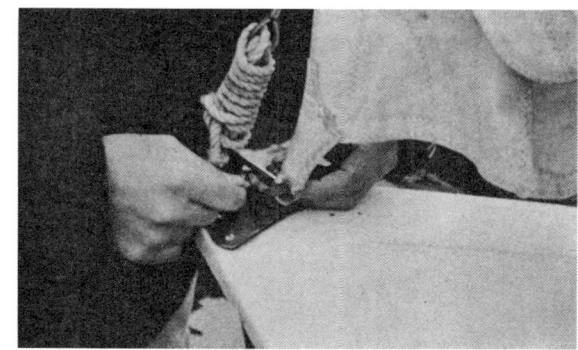

메인세일의 바튼
을 넣는다

정을 수상에 내
린다

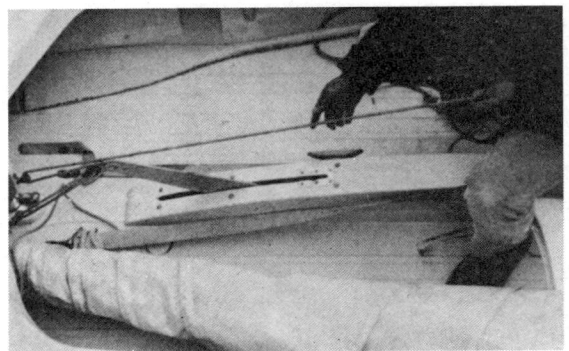

센터·보드를 내린다

스타트의 즐거운 위치로 이동

루더의 붙임. 안전한 자세로

바람에 주의하여 메인 세일을 올린다

집시트를 점검

자 출발!

● 싣는 물건

싣는 물건은 요트·하바 가까이나, 해안의 일정 수역을 셀링한다면 비교적 적게 싣게 될 것이다. 그러나 뜻하지 않은 사태와 만나게 될지도 모른다. 지금까지 해안에서 조난한 예도 있기 때문이다. 여러가지 상황을 생각하여 준비해야 한다. 위험한 상황에 놓인 다음에야 비로소 이런 물건을 가지고 올걸…하고 후회해도 소용이 없다. 이하의 순서에 따라 선택하여 싣는다.

①라이프·자켓 : 개인마다 반드시 착용한다. 가능하면 1개 정도의 여분을 두면 편리하다.

②정 내의 물을 퍼내는 도구. ③스파이크 : 반드시 몸에 붙여 둔다.

④예비품(로프, 샤클, 브록) ⑤공구류(펜치, 드라이버, 망치, 못)

⑥노 ⑦닻(앙카) ⑧하의 ⑨스웨터 ⑩윈드·브레이크 ⑪우의

이상은 꼭 필요한 물건들이다. 해안에서의 셀링이더라도 반드시 준비해 두어야 한다. 먼 곳으로 셀링을 할 때는 이외에도 몇 가지를 더 첨부하도록 한다.

⑫식량(빵, 캔(통조림), 과자 등) ⑬음료수(물통, 마호병) 그 외에 청

▲즐거운 팀웍으로 완전한 점검을…….

량 음료수 ⑭헝겊 또는 비닐론으로 된 백 ⑮방수 시계 ⑯방수 전등 (신호 등불) ⑰트랜지스타·라디오 ⑱구급 약품 ⑲라이프·브이

그 위에 항해 중, 정의 현재 위치를 측정하기 위해서는 다음과 같은 용구를 준비해 두어야 한다.

⑳콤파스 ㉑챠트(해도)및 조수표 ㉒3각 정규 ㉓디바이드 ㉔연필, 지우게 그 외에 여러 가지가 있다. 작은 물품들은 한 곳에 모아, 비닐백에 넣어두면 편리하다. 참고로 뒷장(크루징)에서 WORC의 안전 비품 장비표를 실어두었다.

● 정검

출항 전에 최후의 정검을 행한다. 귀찮더라도 반드시 실행해야 한다. 조금의 노력, 잠깐의 시간을 아까워 했기 때문에 돌이킬 수 없는 사태에 빠지면 곤란하다. 정검에는 미리 정검하는 곳을 표로 만들어 놓고, 출항 전에 하나씩 하나씩 확인하면서 체크해 나가는 방법이 좋다.

정체──잘못된 곳은 없는가, 정속의 물은 완전히 퍼 내었는가.

센터·보드──올리고 내림에 지장은 없는가, 로프는 매어져 있는가.

루더, 테이라──빈이나 핀들은 파손되어 있지 않은가, 테이라를 꽂은 곳은 금이 가지 않았는가.

스테이──녹이 슬지는 않았는가, 범주 중에 절단되면 마스트가 위험하다. 턴벡클은 느슨해 있지 않은가.

붐──그르브의 입구 등에 금이 생기지는 않았는가, 그스넥이나 시트를 통하는 브록은 원활히 움직이는가.

메인 세일, 집세일, 스핀네카──풀림은 없는가, 범주 중 조금의 풀림이 원인으로 큰 찢어짐이 생기는 경우가 있다. 반드시 잘 수리해 두어야 한다.

시트류──양 끝이나, 브록을 통과하는 곳에 상처가 나기 쉽다. 수리하든가, 또는 신품과 교환해 둔다.

바튼──수는 있는가, 포켓의 길이에 맞는가.

샥클, 브록──스무스하게 움직이는가, 단단히 매어져 있는가, 예비는?

앙카, 앙카·로프──앙카·로프의 끝은 정에 매어져 있는가, 로프가 떨어져 버리는 예가 있다. 로프의 길이는 수심의 3~4 배는 필요하다.

▲크래식의 명정(名艇)「시레나」. 지금도 활약하고 있다.

범주(帆走셀링)

요트의 조종

이 장부터 드디어 요트의 달리는 방법이다. 이것을 읽음으로써 요트를 한번도 탄 일이 없는 사람도 머리 속으로는 요트를 훌륭히 조종할 수 있게 되는 것이다. 그러나 '백문은 불여일견'이라는 격언이 있다. 역시 게으름 보다 실제로 요트에 타 보는 것이 제1이다.

실제로 타고, 돛이나 키를 조종해 보는 것이다. 그러나 지금 금방 당신이 혼자서 요트에 타는 것은 대단히 무모하다고 할 수 있다. 처음에는 반드시 신뢰할 수 있는 경험자와 동승해야 한다. 손을 잡고 배우는 것이 최고이다.

이렇게 하면 이 책에서 얻은 바람, 파도, 조류, 기상 상황 등의 지식을 여러가지 상황에서 응용, 적용하여 적절한 처치를 할 수 있게 되어 요트 조작을 단기간에 마스터할 수 있게 되는 것이다.

◀드릴링한 스코 타입의 「모스」

범주(帆走)의 종류

요트의 진행 방향과 바람이 불어오는 각도는 물론 정해져 있는 것이 아니다. 다만, 그 각도에 의해 크게 나누어지는 명칭은 붙여져 있다.
(제 1 그림)
 (1) 크로즈·홀드
 (2) 크로즈드·리치
 (3) 윈드·아·빔
 (4) 코터·리
 (5) 런닝(추수)

또 (2)에서 (4)까지의 형태로 달리고 있는 것을 하나로 뭉뚱그려서 후리정이라고 하는 경우도 있다. 또 바람이 정의 진행 방향에 대하여, 왼쪽에서 불어오는 때를 포트·탁이라고 하고, 오른쪽에서 불어 오는 상태 때를 스타포드·탁이라고 한다.

이런 나누는 방법은 요트맨이 기억해두지 않으면 안될 해상 충돌 예방법. 요트 경기 규칙에도 관계가 있기 때문에 잊어서는 안된다.

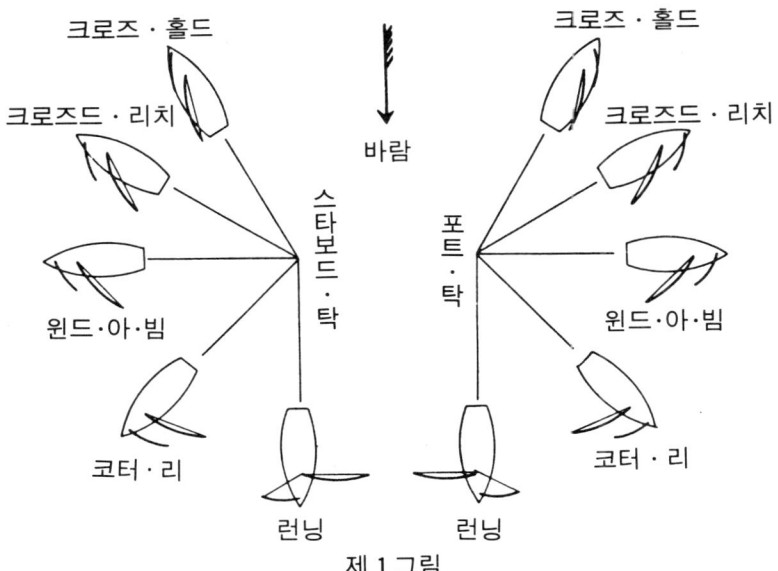

제 1 그림

범(돛)의 위치

우선 범주 중에서도 비교적 쉬운 윈드·아·빔의 예를 들어 설명하겠다.

처음에 메인세일에 시트를 풀어 자유스럽게 놀도록 둔다. 정은 바람이 불어오는 방향과 직각이 되도록 한다. 돛은 풍하에 휘어지며 파닥 파닥하고 소리를 낸다. 이 상태에서는 정은 움직이지 않는다. 다음에 세일의 시트를 조금씩 끌어 당겨 붙인다. 세일의 집은 점점 멈추고 더 시트를 끌어 당겨 붙이고, 붐이 손 근처 쪽으로 당겨지면, 드디어 세일은 바람을 품기 시작하고, 조금씩 전진하기 시작한다. 후에는 정과 바람이 직각의 상태를 유지하도록 키를 조정하면 범주의 제1보를 내디딘 것이 된다(제2 그림). 이 달리는 상태는 런닝의 경우를 빼고, 바람이 마스트의 위치를 통과하여 불어오는 선과, 정의 진행 방향과의 직각이 약 2등분 선상에 붐이 있는 것이 기준으로 되어 있다(그림 제3).

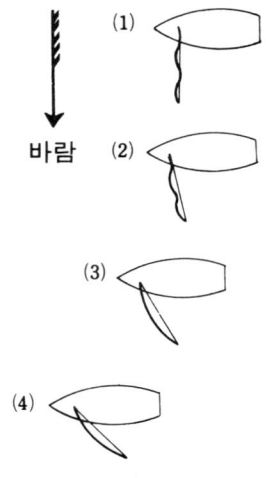

제 2 그림

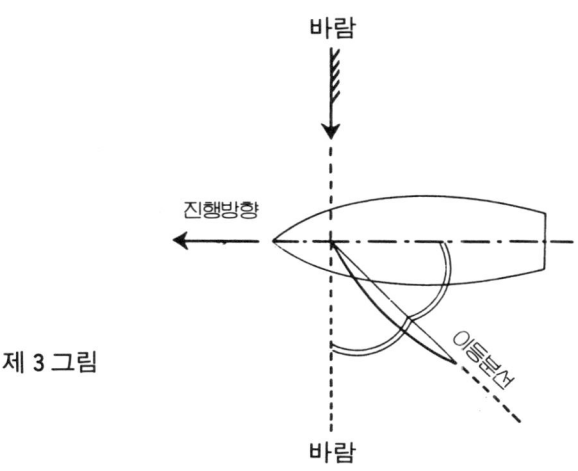

제 3 그림

키

키는 배에 있어서 상당히 중요한 것인데, 특히 요트의 경우는 이 조작이 정에 있어서 큰 역할을 차지한다.

요트는 본체에 있어서 풍상에 튀어 오르려고 하는 외쟈·헤름의 경향이 있도록 되어 있는데, 이것을 모르고 키를 수정하지 않고 진행하면, 정은 드디어 풍상으로 향하여 돛은 시바하기 시작하고, 정은 스피드가 떨어지고, 그러다가는 정지되어 버리는 것이다(제 4 그림). 리·헤름이라고 하여 모르는 사이에 풍하로 향하는 버릇이 있는 정에서는 특히 키로 정의 진행 방향이 왔다 갔다 하지 않도록 하지 않으면 정수는 풍하로 향하고, 바람을 지나치게 받아, 힐(돛이 바람을 너무 받아 치우치는 것)하고, 강풍의 경우는 전복하는 위험도 있다(제 5 그림).

이것을 막으려면, 처음은 무엇인가 목표가 되는 것을 정하고, 항상 빨리 키를 작은 각도로 움직여서 정의 진행 방향을 수정하는 것이 좋다. 물론, 정의 진행 방향은 반드시 목표가 있다고는 한정할 수 없다. 바다

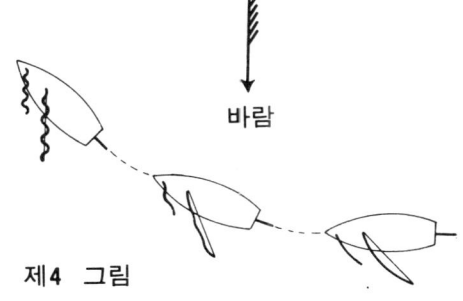

제 4 그림

한 가운데로 전진하는 경우나, 해상에서 안개나 파도에 덮치는 경우 등에 의해, 목표를 정하기 어려운 경우도 있다. 이 때는 바람의 방향을 목줄기나 얼굴로 느끼며 정의 진행 방향을 정하고, 정을 조정하도록 노력한다. 또 키는 정의 작은 방향 수정에 사용하고, 큰 방향 전환 등에는 주로 돛의 조작에 의해 행하고, 키는 그 기회를 잡는 정도로 사용해야 하는 것을 명심한다.

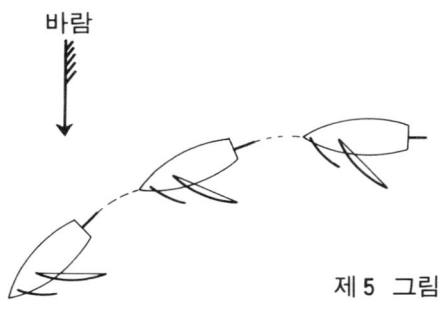

제 5 그림

힐

요트는 똑바로 선 상태로 달리는 것보다도 어느정도 힐을 유지하면서 달리는 편이 이상적이다. 힐의 각도는 조건에 따라 여러가지인데, 대체로 마스트가 수직의 위치보다 15도에서 20도 정도 풍하로 기울어진 상태가 좋다고 한다.

풍하쪽으로 힐하면, 돛의 바람을 받는 중심 C·E 는 정의 수중 저항의 중심 C·L·R보다 멀게 되어, 풍상으로 튀어오르는 경향이 강하게 된다(제 6 그림). 극단적인 힐은 진행 방향의 수정을 어렵게 하는데, 적당한 힐은 정의 밸런스를 유지하기 쉽게 하고, 키의 조작도 하기 쉽게 한다.

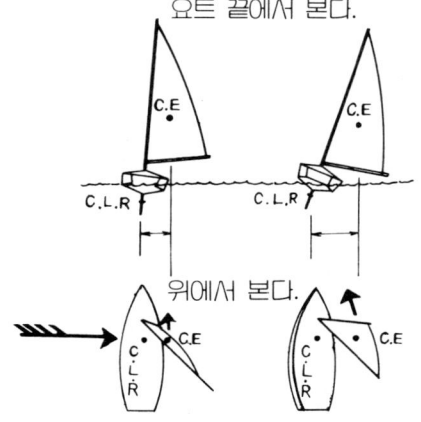

제 6 그림

▲적당한 힐을 가지기 위해, 크루는 정외(艇外)에서 밸런스를 잡는다.

달리는 방법

● 크로즈 · 홀드

요트의 달리는 방법 중에서 가장 어려운 방법이라고 알려져 있다. 동시에, 풍상으로 향하여 뛰어 오르는 것이 가능한 요트에 있어서, 이 성

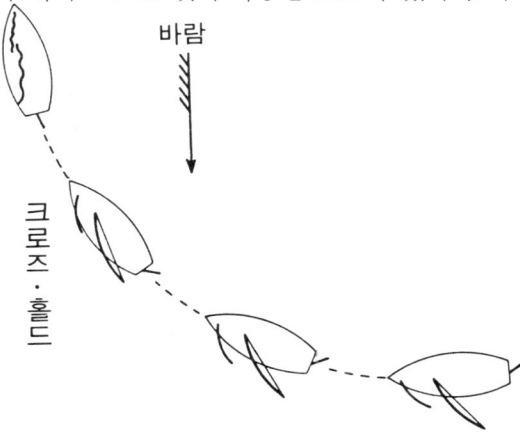

제 7 그림

능을 최대한으로 활용하는 것이 요트맨의 팔이라고 할 수 있을 것이다. 크로즈·홀드는 이치로는 제 3의 그림대로 붐을 2등분 선상에 끌어 당겨 붙이면 상당히 풍상으로 뛰어 오르는 모습이 될 것이지만, 실제로는 돛의 이완이나 풍상으로 향하는 만큼 바람을 정면에서 받기 때문에, 좀처럼 뛰어 오르기 어렵다. 이 뛰어 오르는 정도는 보통은 35도 정도에서 45도 정도이다.

달리는 방법은 우선 앞에서 서술한 윈드·아·빔의 요령으로 범주하고, 그 위에 붐을 키의 중앙으로 당겨 붙이고, 동시에 키로 정수를 조금씩 풍상으로 향하게 한다(제 7 그림). 점점 정수가 풍상으로 향하면, 정은 점차로 스피드가 떨어지고, 그러는 중에 돛이 시바를 시작하여 결국 멎어 버린다. 스피드가 떨어지기 전에 풍상으로 뛰어 오르며 전진하는 상태를 크로즈·홀드라고 한다.

스피드의 상태를 보면서 아직 달리고 있는 동안에 돛으로 정수를 조금 풍하쪽으로 떨어뜨리고, 동시에 붐을 조금 느슨하게 한다. 돛은 바람을 품고 다시 달리기 시작한다. 조작은 정의 작은 변화에도 이내 동작 가능하도록 연습 해두어야 한다.

▲강풍 아래의 크로즈·홀드

●후리

크로즈·홀드 이외의 달리는 방법을 후리라고 한다. 이 달리는 방법은 특히 어려운 점이 없다. 초보 때는 우선 돛을 자유로이 놀도록 둔다음, 메인·시트를 당기고, 돛의 시바가 멈추는 곳에서 조금씩 손 근처로 당겨 붙이도록 한다. 익숙해지면, '2 등분 선상에 붐의 위치를 둔다.'라고 하는 것을 참고하고, 후에는 그 때의 상황에 따라 위치를 정한다. 요트는 후리 때가 다른 달리는 방법과 비교하여

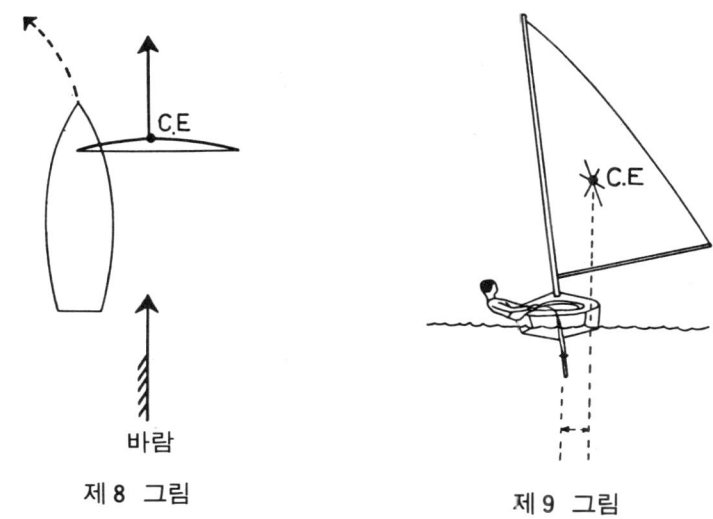

제 8 그림   제 9 그림

제일 스피드를 내기 쉽고, 바람의 상황에 따라서는 바람의 속도보다도 멀리 달릴 수 있다.

● 런닝

바람을 뒤에서 받으며 달리는 것으로, 얼핏 보면 간단한 것같지만 다른 달리는 방법에 비하여 제일 어렵고, 제일 위험이 동반된 달리는 방법이다. 특히 강풍의 때에는 주의해야 한다.

런닝은, 돛을 정에 대하여 직각으로 내걸기 때문에, 돛의 바람을 받는 중심 C·E는 정에서 제일 먼 거리가 된다. 이 때문에 정은 풍상으로 뛰어 오르려고 하는 외쟈·헤름이 강해 진다 (제8 그림). 물론 돛으로 수정하면서 전진하지만, 소형정의 경우는 조종자의 밸런스에 의해 거꾸로 힐시켜 C·E의 위치를 정의 중앙 부근에 가지고 가는 것도 필요하다(제9 그림).

런닝의 위험은 돛이 쟈이빙(쟈이브 라고도 한다. 돛의 안에서 바람을 받아, 돛이 회전하여 각도가 변한다)하는 것이다 (제10 그림). 쟈이빙은 방향 전환 등 때문에, 필요에 의해 행하는 경우도 있지만, 범주중 돌연히 일어나는 경우는 사고의 원인이 되기 쉽다. 외쟈·헤름 때문에 조종자는 정수를 풍하로(메인세일이 있는 쪽) 향하게 하려고 하고 있는 중, 불의의 쟈이빙이 되어 풍하로 향하려 하는 방향과 일치한 정은 맹렬한 기세로 뛰어 오른다. 동시에 돛의 회전에 의한 타성으로 밖같쪽으로 넘어져 전복의 원인이 된다. 이 예방 대책으로서는 앞으로 서술하는 사항을 지키는 것이 중요하다.

(1) 바람의 방향을 보아, 바람은 바로 뒤에서 받아 달릴 것.
(2) 불의의 쟈이빙에 의해 머리, 신체 등이 다치지 않도록, 언제나 돛, 붐에 주의를 기울인다.
(3) 항상 신체를 민첩하게 이동할 수 있도록 준비해 둔다.
(4) 티라는 절대로 손에서 놓치지 말고 돌연한 쟈이빙에도 교정을 할 수 있도록 해 둔다.

런닝은 다른 방법들에 비해 C·E가 정의 앞쪽이 되고, 게다가 바람이 뒤에서 불어오기 때문에 정수는 수중으로 처박히게 된다(제 11 그림). 정수에서부터 물을 뒤집어 쓰기도 하고, 침수하는 결과가 된다. 강풍 때는 특히 위험하다. 이것을 막기 위해서는, 승원은 가능한 한 정의 뒷부분으로 이동하고, 수면과 오나·라인 (갈수선)을 평행하게 합쳐지도록 노력한다.
집세일을 갖고 있는 스룹정은 런닝 때에는 위스카·폴을 사용, 메인세일의 반대쪽으로 내건다.

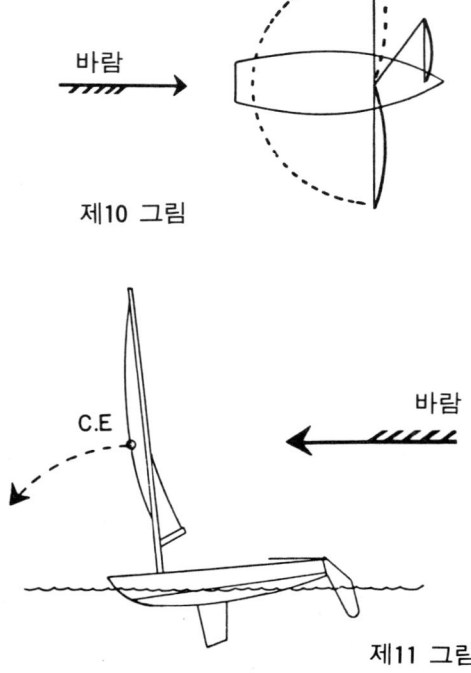

제10 그림

제11 그림

메인세일로 달리면서, 집세일은 느슨하게, 집세일의 클·크링글에 위스카·폴의 끝을 통과시키고, 집세일과 함께 비스듬하게 앞쪽으로 내찌르고, 폴의 죠를 마스트에 꼭 댄다. 다음 풍상쪽의 집시트를 당기고, 크리트에 고정시킨다(제12그림). 이 범주의 방법을 관음개라고 부른다.

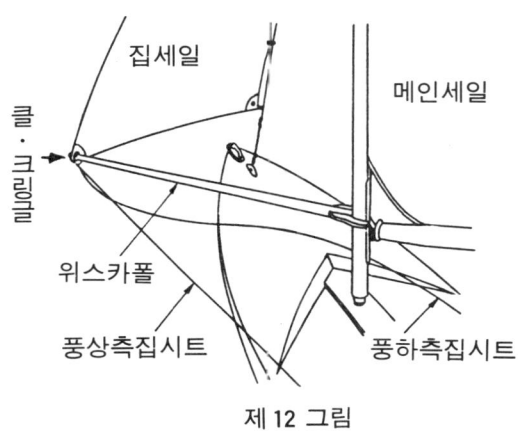

제 12 그림

스핀네카

스핀네카는 후방 또는 옆에서 불어오는 바람을 유효하게 이용하기 위하여 만들어진 좌우 신메트리의 3각범에 가까운 돛이다. 감은 비교적 얇은 천인 나일론 등으로 되어 있다.

● 스핀네카를 거는 준비(제13 그림)

(1) 스핀네카는 보자기 또는 상자곽 등에 넣되, 돛의 귀(핑그, 클, 탁)는 사용하기 쉽도록 안에서 꺼내 둔다. 이것은 컬러풀한 아름다운 세일이다.

(2) 펄럭이는 위치는 바우에, 스핀네카·시트는 밖깥쪽을 통하여 브록에 걸고, 호어·가이, 아흐트·가이를 주어 멈추게 한다.

(3) 스핀네카·폴은 거는 예정 위치에서 멈춘다.

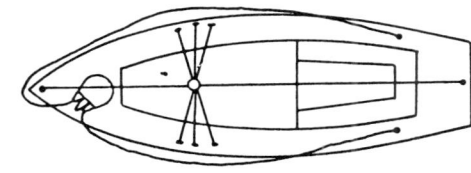

제13 그림

▲칼라풀한 스핀을 가지고, 스피드를 타투는 크루저

● 스핀네카 올리는 방법
(1) 폴을 셋하여 리프트를 붙인다.
(2) 스핀네카의 핀크에 하리야드를 붙인다.
(3) 하리야드를 당기고 스핀네카를 올린다.

(4) 시트로 바람을 잘 품을 수 있도록 조절하고, 호어·가이, 아호트·가이를 멈춘다.

(5) 집세일을 내린다. 다음은 시트로 조절하면서 달리는데, 이 달리는 방법은 스핀네카로 바람을 받아 멈추며 달리는 것이 아니라, 한쪽으로 흐르도록 하여 항상 새로운 바람을 넣듯이 하는 방법이 효과가 있다.

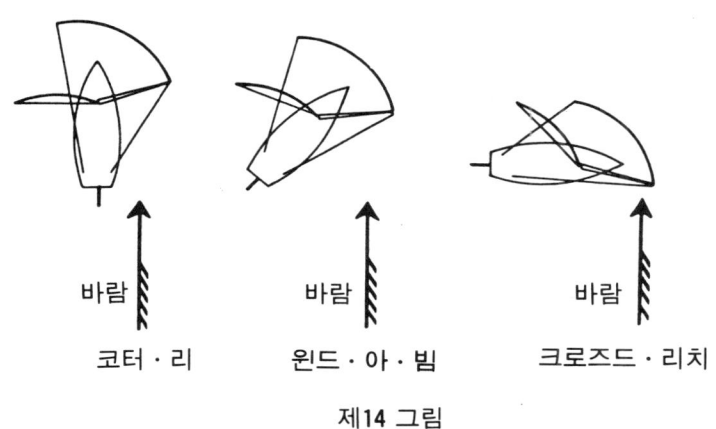

제14 그림

방향 전환

요트가 자유로이 물위를 달리기 위해서는 진행 방향을 변화시키지 않으면 안되는 것은 당연하다. 우향 전환 중에서도 바람이 동일 방향에서 불어오는 경우 예를 들면, 포트·탁의 코터·리에서 같은 포트·탁의 크로즈드·리치로 전환한 때는 여기서 말하는 방향 전환이라고는 할 수 없다 (제15 그림).

여기에서 말하는 방향 전환이란, 전환에 의해 바람이 불어오는 방향이 변하는 것을 말한다. 포트·탁의 크로즈·홀드로 달려 가는 정이 방향을 전환하여, 신방향 스타보드·탁의 크로즈·홀드로 달리는 경우, 2가지의 방법이 있다(제16그림). A그림의 경우를 탓킹이라고 하고, B그림의 경우를 웨어링이라고 한다. 그리고 이것이 기본이 된다.

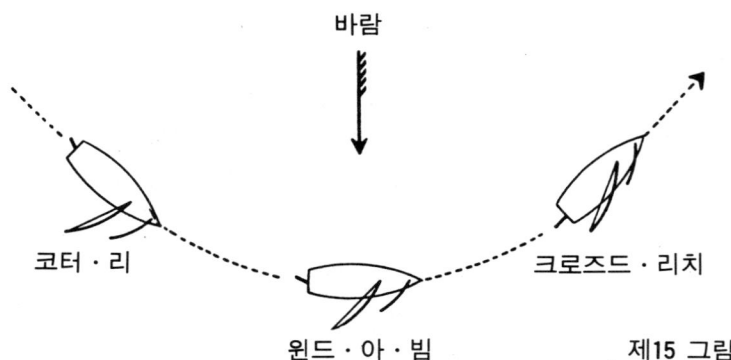

제15 그림

윈드·아·빔으로 전진해 간 정이 방향을 반대로 바꾸는 때도 이 어느쪽인가의 방법을 이용하면 좋다 (제17 그림).

● **탓킹** (제18 그림)

포트·탁의 크로즈·홀드의 정이 방향 전환하여 스타보드·탁의 크로즈·홀드로 진로를 바꾼다.

(1) 키에 충분한 스피드를 붙여 준다. 스피트를 붙이기 어려우면, 정

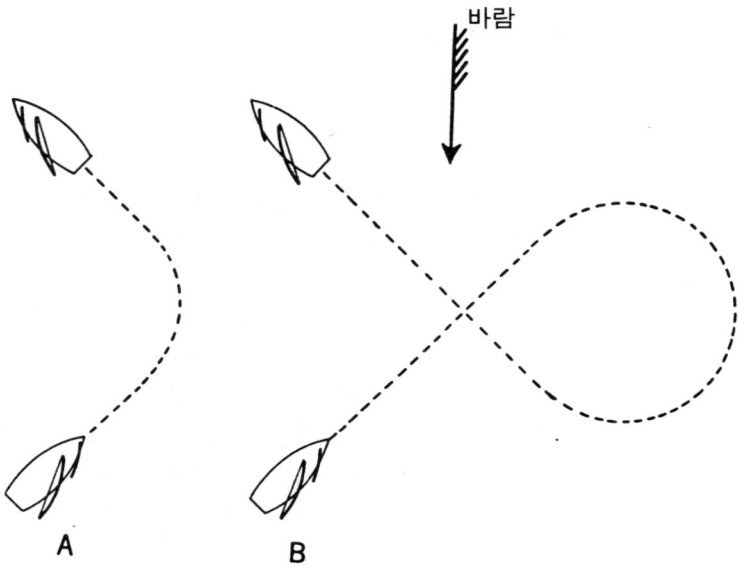

제16 그림

머리를 조금 풍하로 내리고, 돛이 바람을 받기 쉽게 스피드를 낸다. 스피드가 없으면, 정은 풍상으로 향하기 위해 도중에서 멈추어 버릴 위험이 있기 때문이다.

(2) 티라는 그대로 메인 세일을 당기고, 정을 풍상으로 향하게 한다. 동시에 티라로 정이 풍상으로 향하는 것을 돕는다. 정이 풍상으로 향하면 세일은 시바하기 시작한다.

(3) 집세일을 느슨하게 하고, 메인세일이 반대에서 바람을 받는 것을 지켜본다.

(4) 드디어 메인세일의 시바는 멈추고, 바람을 품는 것과 동시에 집세일을 반대쪽으로 바꾸어 건다.

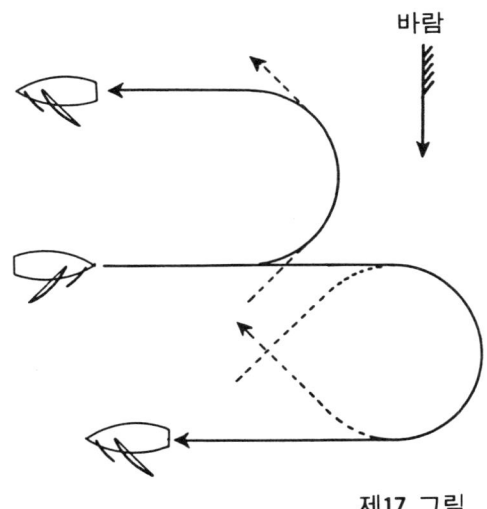

제17 그림

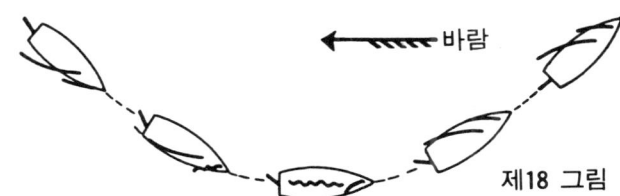

제18 그림

(5) 새 방향이 정해지면 키를 본래로 되돌리고, 크로즈·홀드로 달린다.

윈드·아·빔에서 반대로 돌려 당기는 경우는 (제19 그림), 키를 조작하여 정수를 풍상으로 뛰어 올리고, 그것과 동시에 메인 및 집시트를 끌어 당겨 붙이고, 일단 크로즈·홀드로 이동하여 탓킹을 한다. 탓킹을 끝냈으면, 계속 당겨 키를 조작하여 진행 방향을 정하고, 그것과 동시에 시트를 내고, 다시 반대 방향의 윈드·아·빔이 된다. 탓킹에서 주의해야 할 것은 우선 돛 끌어 당겨붙인 다음 조작하는 것이다. 이것을 실행하지 않으면, 정은 풍상으로 향하기 전에 시바하거나, 안 바람을 받거나 하여 멈추어 버린다.

특히 바람이 약할 때, 파도가 높을 때는 정에 스피드가 없으면 멈추기 쉽게 된다 (제20 그림). 탓킹을 실패하면 티라를 풍하로 향하고 집세일을 풍상으로 달아 정수가 풍하로 도는 것을 기다리고, 한 번 달린 다음 고치면 좋다 (제21 그림). 또 그 때에 팃킹하지 않으면 사정이 나쁜 경우는 티라를 풍상으로 향하고, 집세일을 풍하로 달고, 정이 빽하여 돌고, 반대쪽에서 바람을 받게 되면 새 방향으로 내 달린다. 이 조작을 '파도키'(키의 방향이 이제까지와 반대로 된다)라고 한다(제22 그림).

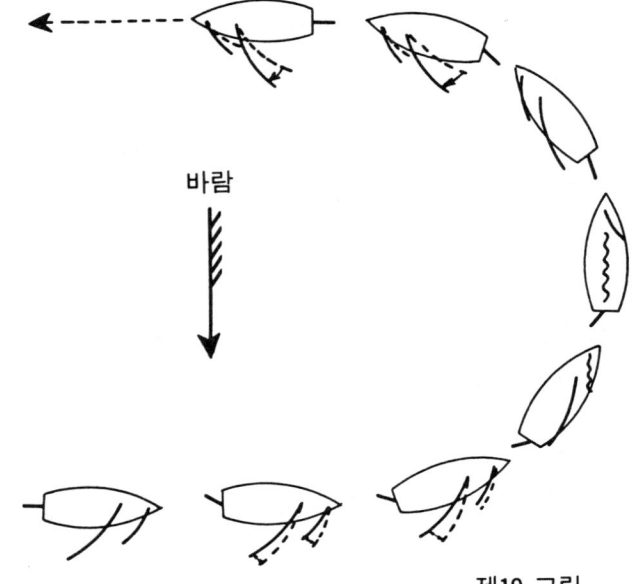

제19 그림

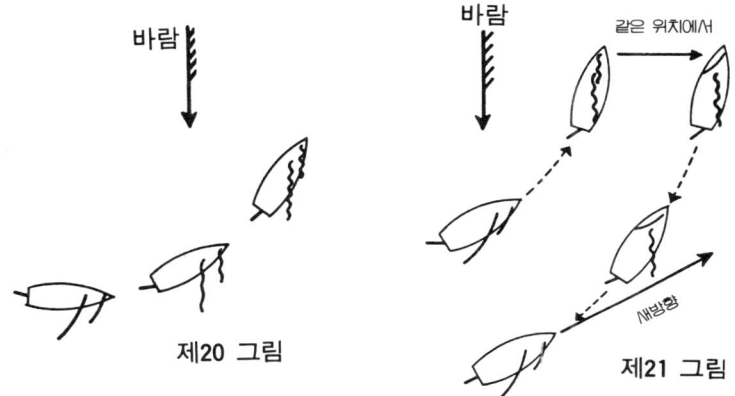

● 웨어링(제23 그림)

방향 전환의 결과에서 보면 탓킹과 같지만, 웨어링의 경우는 한 번 풍하로 내리고, 런닝의 상태로 쟈이빙을 행한다. 다시 크로즈·홀드로 진행하는 것이다.

(1) 크로즈·홀드의 범주에서, 티라를 풍상으로 끌어 당기고, 동시에 돛의 시트를 내고, 윈드·아·빔의 범주로 한다.

(2) 회전을 계속하면서 시트를 계속 내고, 정수를 풍하로 내려 가고, 런닝의 상태로 한다.

(3) 정이 회전하는 것에 의해 바람이 바로 뒤가 된 때에 쟈이빙을 행한다.

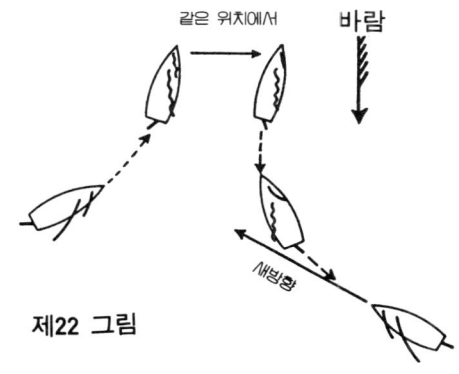

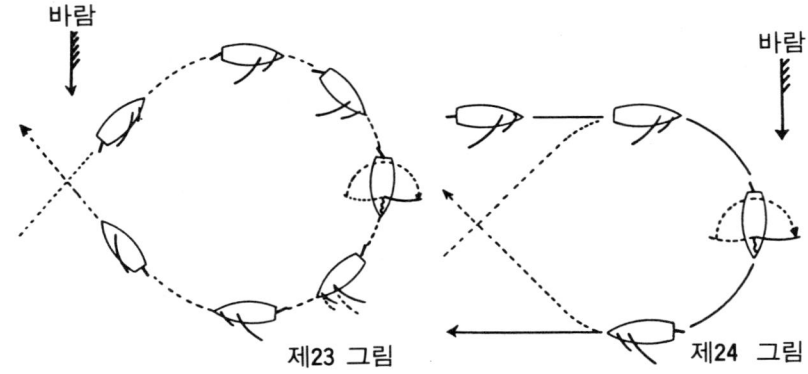

제23 그림   제24 그림

 (4)시트를 끌어 당기고, 돛을 붙이면서 윈드·아·빔이 되고, 더 끌어 당겨 붙여 회전을 계속하며 크로즈·홀드로 바꾸고, 새 방향으로 주행한다. 윈드·아·빔 정이 지금까지 온 코스를 풍하로 내리고 되돌아 가는데는 웨어링의 일부로 행하는 것이 된다. 웨어링에 의한 방향 전환은 런닝이다. 쟈이빙이 도중에 있었기 때문에 바람이 강한 때는 위험하다. 익숙하지 않은 때는 웨어링을 멈추고, 일단 풍상으로 올라 탓킹을 한 다음, 새 방향을 정하는 편이 안전하다 (제25 그림).

● 쟈이빙
 웨어링의 방향 전환에서는 쟈이빙을 하지 않으면 방향을 바꿀수 없는데, 코스를 런닝으로 진행중 쟈이빙하는 편이 유리한 경우가 있기 때문에 이 방향을 기억해 둔다(제26 그림).
 (1)메인세일을 정의 중앙까지 끌어당겨 붙인다. 바람은 완전히 직후에서 맞도록 키를 조정한다.
 (2)티라를 조금 풍상으로 향하고, 메인세일이 바람을 반대쪽에서 받기 쉽도록 한다. 바람을 받는 돛은 다음 순간 기세좋게 반대쪽에 열기 시작하기 때문에 시트가 얽키지 않도록 낸다.
 (3)메인세일이 런닝의 상태가 되면 집세일을 새로운 방각(메인세일의 반대쪽)으로 바꾸어 단다. 이 조작중에 특히 중요한 것은, 티라는 절대

로 놓아서는 안된다는 것이다. 만일 티라는 놓으면 정은 극도의 외쟈·헤름 때문에 멋대로 풍상으로 뛰어 오르고, 쟈이빙도 불가능하여 전복의 위험을 맞게 된다.

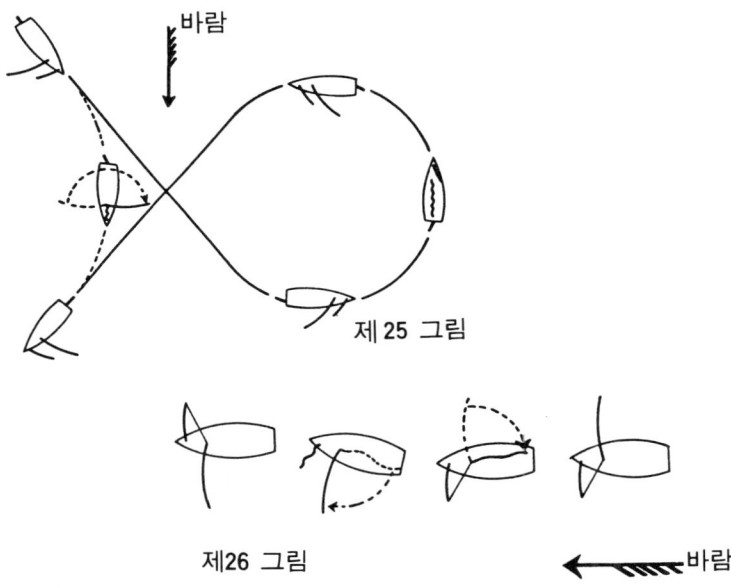

제 25 그림

제 26 그림

요트 내림

마리너의 파킹·에리어에 올려 있는 요트는 발정에 즈음하여 차에 실려 해안에 운반되어 해상에 내려진다. 그리고 해면에 접하면 요트는 포크리프트에서 내려져 띄워진다. 이 방식은 스롭프도, 인력도 불필요하고 능률이 좋은데, 중량, 크기의 관계로 30척 이상의 요트는 무리이다.

발착법 (発着法)

발착은 그 수역의 상황에 따라 여러가지로 복잡하게 된다. 암벽에 있어서나 또는 닻, 브이의 경우에 있어서, 게다가 바람의 방향, 조수의 흐름 등이 더해지는 일이 있기 때문에, 그 예를 전부 서술하는 것은 불가능하다. 그렇기 때문에 일반적으로 생각할 수 있는 발착법을 기본으로 하고, 다음은 그 상황에 따라 적절한 방법을 취하도록 해야 할 것이다.

① 포크리프트로 운반

② 크리인으로 옮긴다.

③ 크리인으로 들어 올린다.

④ 바다쪽으로 돌린다.

⑤ 해안벽에 병행시킨다.

⑥ 해면에 내린다.

발정(発艇)

세일을 올리는데는 정을 반드시 풍상으로 향하여 둔다. 그리고 돛이 올라가도 정의 중심선 부근에 시바하도록 한다. 또 집세일도 마찬가지다.

● 브이에 계류되는 경우의 발정

(1) 바람과 조수의 흐름이 같은 방향일 때(제27 그림). 메인세일, 집세일을 올리고, 티라를 진행 방향으로 향하게 한다 집세일을 티라의 반대쪽에 치면 정은 돌면서 빽한다. 메인세일이 바람을 품으면 집세일을 바꾸어 치고 전진한다.

(2) 바람과 조수의 흐름이 거꾸로, 조수가 흐르는 쪽이 강한 경우(제28 그림).

메인세일은 언제라도 올릴수 있도록 준비해 두고, 집세일은 올리고, 붙들어 맨 망을 풀고 내 달린다. 정이 풍상으로 뛰어 오르듯이 되면 메인세일을 올려 범주한다.

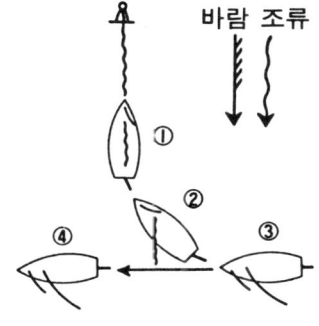
제27 그림

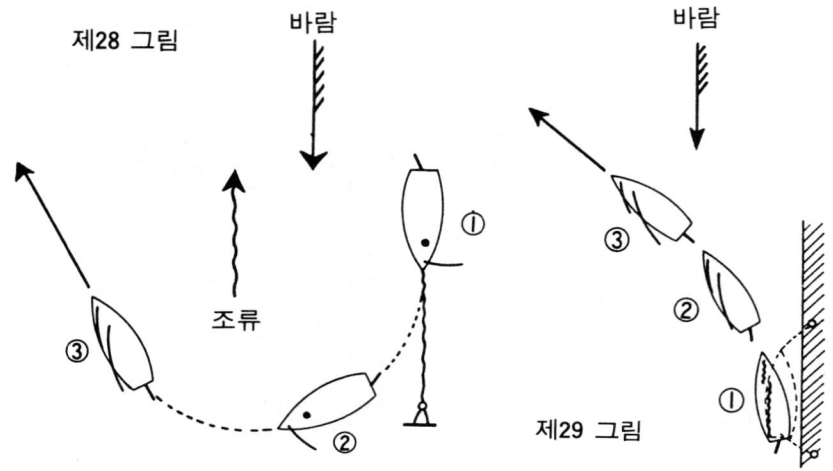

제28 그림
제29 그림

● 안벽이나 부두에서 발정하는 경우

(1) 안벽과 바람이 평행으로 정수에서 부는 경우(제29 그림). 메인세일· 집세일을 올려놓고, 망을 풀고, 바우를 누르든가, 자신이 찔러 놓는다. 정수가 풍하로 향하기 시작하면 범주로 이동한다.

(2) 바람이 정 꼬리 부분에서 부는 경우(제30 그림). 집세일만 올리고, 키로 안벽에서 떨어져 풍상으로 뛰어 오르면 메인세일을 올린다.

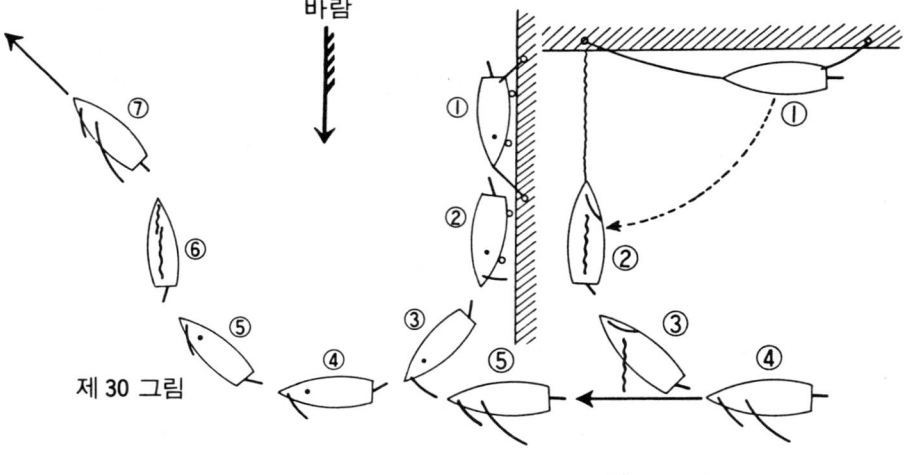

제30 그림

제31 그림

(3) 안벽에서 바람이 부는 경우(제31 그림). 스턴의 붙들어 맨 망을 풀고, 정을 풍상으로 향하고, 세일을 올린다.

(4) 바람이 안벽으로 향하여 불어오는 경우(제32 그림). 세일은 올릴수 없다. 풍상으로 저어가면서 닻을 던지든가, 브이어 붙들어 매든지 하고, 세일을 올린다. 다음에는 제27 그림의 방법과 같다.

착정(着艇)

착정하는데는 목표에 가깝기 전에 세일을 놓아 놓게 하고, 달려온 타력을 이용하여 전진, 브이나 안벽에 도달한 때, 그 타력이 제로가 되도록 한다.

또 멈추었을 때는 정이 풍상을 향하는 것이 이상적이다. 그러기 위해서는 정의 타력, 바람의 강도, 조류 등을 알아두어야 한다.

● 브이에 착정하는 경우

(1) 바람과 조수의 흐름이 같은 때(제33 그림).

브이의 풍하로 돌리고, 아주 좋은 장소에서 집세일을 놓고, 점차 메인세일을 놓고, 키를 브이로 이끈다.

(2) 바람과 조류의 흐름이 거꾸로, 조류의 흐름 쪽이 강한 때(제34 그림).

브이보다 풍상으로 정을 뛰어 올리고, 메인 세일을

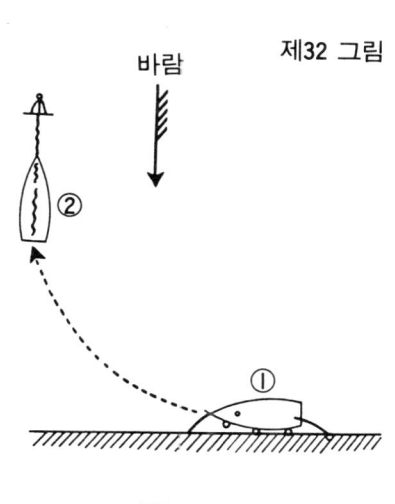

제32 그림

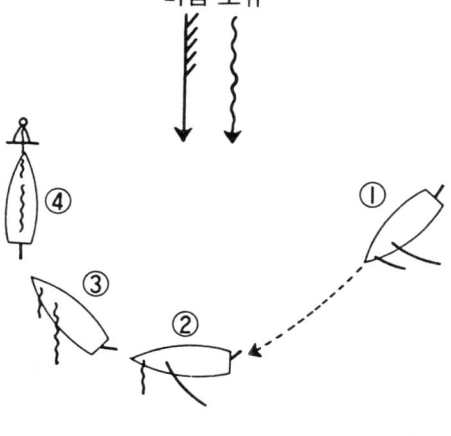

제33 그림

내린다. 집세일만으로 브이에 접근, 브이를 던진 때에 집세일을 내린다.

● **안벽이나 부두에 착정하는 경우**

(1) 안벽에 바람이 평행하게 부는 경우(제35 그림). 착정하는 위치보다 풍하에서 안벽으로 접근, 메인세일·집세일을 놓고, 돛을 시바시키면서 옆으로 붙어 재빨리 계류한다.

(2) 바람이 안벽에서 불어오는 경우(제36 그림). 목표에 접근함에 따라 키를 풍상으로 향하고, 돛을 시바시키면서 착안, 계류한다.

● **착정의 순서**(부두에서 바람이 불고 있다).

(3) 바람이 안벽에 세게 불고 있는 경우(제37 그림). 안벽에서 조금 떨어진 위치를 목표로 두고, 제33 그림의 요령으로 전진, 앙카(닻)를 던진다. 앙카의 효과가 확실하면, 앙카·로프를 조금씩 펴서 안벽에 가까이 접근, 정 꼬리 부분을 붙들어 맨다.

안벽이나 부두를 이용하

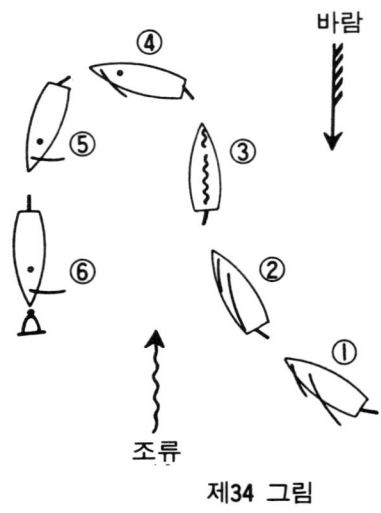

제34 그림

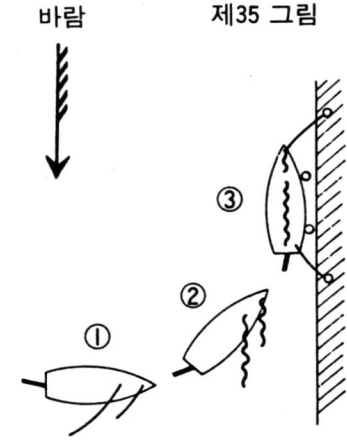

제35 그림

여 발착하는 때 주의하지 않으면 안되는 것은 정의 현쪽을 다치지 않도록 하는 것이다.

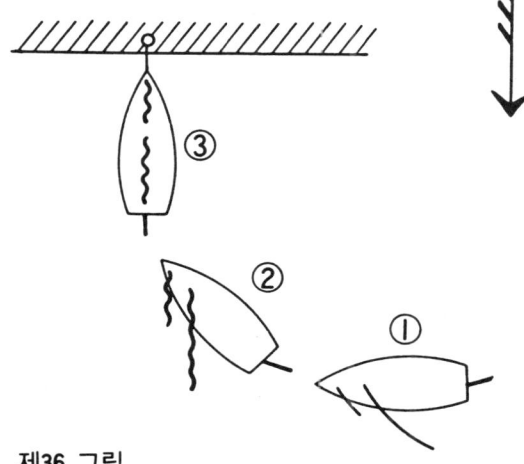

제36 그림

130

특히 상대가 돌이나 콘크리트인 경우는 조금만 접촉해도 이내 정이 다치는 일이 있다. 반드시 미리 휀다(방현물)는 현쪽으로 주의해 둔다. 브이에 계류하는 경우에도, 바람이나 파도 때문에 다른 정과 접촉하는 위험이 있는 경우도 마찬가지이다. 물론 범주중이나 장해물이 없는 때는 괜찮다.

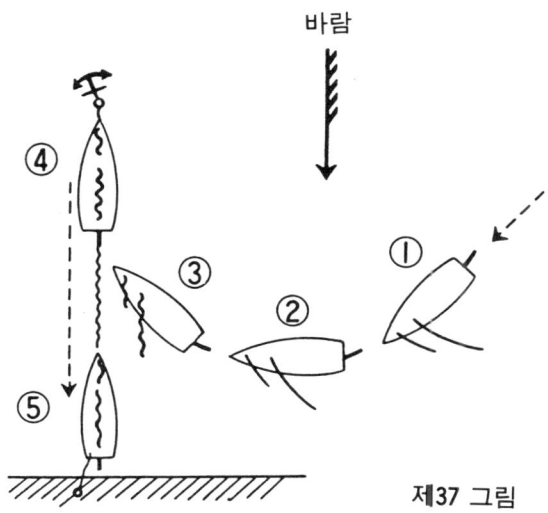

제37 그림

▲휀다를 붙이는 방법

▲스핀 전개의 화려한 크루저·레이스

▲크루저 포인트 레이스

요트의 구급(救急)

기상의 변화로 인한 위험

바람을 이용하여 달리는 요트는 기상의 변화에 따라 상당히 사태가 위험한 경우에 놓이게 되는 때가 종종 있다.

일기 예보의 강풍 주의보나 파랑 주의보가 발표된 때는 특히 충분한 준비와 주의가 필요하다. 자신이 없으면 당연히 그만 두어야 한다. 생명을 걸면서까지 레저나 스포츠 때문에 출정하는 것은 무모하다고 할 수 있을 것이다.

예를 들면, 평온한 날에도 그 날씨가 언제까지 보증될 수 있는지 누구도 알 수 없다. 안전하다고 판단되어진 기상 조건 때에도 장시간 해상에 있을 때는 돌풍과 만나서, 스테이가 부러지기도 하고, 마스트를 부러뜨리기도 하고, 전복하기도 하는 위험이 있는 지도 알 수 없다. 또 무풍이 되어 범주할 수 없는 상태로 하룻밤을 해상에서 보내지 않으면 안되는 일도 있다.

▲항상 충분한 준비와 주의를……

구급 예방

위험을 막는 최대의 예방은 무엇보다도 정의 완전한 정비이다. 와이야, 시트류의 녹, 잘라질듯한 물건, 상처난 부분 등은 수리하든가, 신품으로 교환한다. 배에 싣는 물건도 위급한 때에 상당한 도움이 되며, 출원할 때는 특히 철저한 준비가 필요하다.

예를 들면, 정의 보수용으로서의 로프, 브록, 음료수, 보수용품, 구급용 브이, 라이프·자켓, 식료, 스웨터도 뺄수 없는 물건들이다. 이제까지의 사고를 결과에서 보면, 범주 이전에 알아두어야 할 문제가 여러가지 있다고 한다. 사고를 미연에 방지하기 위해서 모든 상황을 생각해 준비하는 것이 요트맨으로서 성장할 수 있는 가장 중요한 마음가짐이다.

위급시의 태도

항행 중 예측할 수 없는 위급 사태를 만난 경우는 당황하지 말고 냉정한 태도로 사고의 상황을 통찰하여 적절한 처리를 해야 한다.

일기가 나쁜 상태에서 범주하는 것이 익숙하지 않은 승원은 자칫하면 공포심을 일으키기 쉽다. 스키퍼(선장)는 승원에 대하여 정확한 지시를 명령함과 함께 긴장, 흥분을 풀도록 노력해야만 한다.

위급과 그 처치

● **나쁜 날씨**

나쁜 날씨는 가능한 한 사전에 피하는 것이 상책이다. 이를 위해서는 기상을 미리 알아 둘 필요가 있다. 보통 때에도 기상에 흥미를 갖고, 특히 신문을 읽을 때는 매일 일기도에 잠깐만이라도 눈을 주는 것이 상당히 좋은 공부가 된다. 이것에 의해 점차 이동하는 기상의 변화를 아는 것과 함께 일기도와 실제의 상황을 비교할 수 있게 되는 것이다.

나쁜 날씨는 돌연 일어나는 일이 적고, 대부분의 경우 미리 기상의 변화가 동반되어 나타난다. 구름, 파도, 기압, 바람 방향, 기온 등의 변화에 주의하도록 한다. 범주 중에 기후가 나빠지고, 나쁜 날씨의 징후가 나타나면, 가장 가까이 안전하다고 생각되는 항구, 강 등에 피해야 한다. 강풍이 불 것 같으면 가능한 한 빨리 리프(축범)해 둔다. 강풍이 된 다음의 리프는 작업이 어렵고, 또 위험도 있다.

▲강풍에서 메인을 리프하고 스톰집으로 달리는 쿼터 토너

날씨가 나쁜 때는, 상황이 허락하는 한, 전부의 돛을 내리고 풍파에 맡기는 것보다도 리프한 돛으로 달리는 쪽이 정의 안정을 좋게 한다. 돛을 내리고 풍파에 맡겨 두고 있으면, 정은 멋대로 돌기 시작하고, 옆에서 바람이나 파도를 받아, 그 순간에 횡전하는 경우도 있다.

범주는 런닝을 피하라. 소형정에서는 정수가 해중으로 박히는 듯한 형세가 되고, 바우에서 물이 들어와 배수하는 틈도 주지않고 물이 침투하여 전몰되어 버린다. 크로즈·홀드도 정의 힐을 크게 하고, 갑판 부분이 작은 소형정은 특히 물이 옆에서 들어오기 쉽게 되어 있다. 가능하면 크로즈드·리치로 달리도록 명심해 둔다.

2개의 돛(스루프)이 있는 정의 경우, 바람의 강도에 따라서 점차 메인 시트를 느슨하게 하여 바람을 피하도록 한다. 이 경우 메인 시트만을 느슨하게 하면, 바람이 집세일에 강하게 치고, 정수가 풍하로 떨어지기 때문에 정이 돈다. 반드시 집시트부터 먼저 느슨하게 하는 것이 중요하다.

집세일만으로 달리는 것도 생각할 수 있는데, 풍상으로 올라가는 것은 곤란하다. 거기에 강풍 때문에 세일은 맹렬히 시바를 하고, 스테이를 다치게 하며, 돛이 파손될 위험이 있다.

　메인 세일만으로 달리면 외쟈·헤름이 강하게 되어 달리기 어려운 경우가 생긴다. 이 때는 세일을 리프하고 달리는 쪽이 좋다. 리프하는 것에 의해 집세일이 없어도 C·E(돛의 풍압 중심)의 위치가 그다지 변하지 않아, 범주가 가능하다 (제 1 그림). 로라·리프(후에 서술)가 가능한 정에서는 간단히 리프하는 것에 의해 돛을 전부 친 상태의 4분의 1 정도까지 축범하는 것이 가능하다.

　쫓는 파도로 달리고 있으면, 때로는 정이 파도 타기를 시작하여 활주로 이동, 프로·칭(키가 들지 않게 되어, 정이 콘트롤을 할수 없게 되는 것)을 일으키는 경우가 있다. 이 경우는 정의 꼬리 부분에서 앙카·로프를 내리든가 그 위에 이 로프의 앞에 시·앙카(제 2 그림)나 휀다 등을 연결하여 내리고, 정의 속도를 떨어뜨리는 것과 함께 진행 방향의 안전에 활용하도록 한다 (제 3 그림). 내린 로프는 적당한 두께의 것으로, 충분한 길이가 필요하다. 대형정의 시·앙카에는 파라슈트형이 있어 큰 제동 효과가 있다.

　바다가 매우 거칠어 정의 힐이 심하고 항주 불능의 경우, 바우(정수)에서 로프, 시·앙카를 내리고 표류의 속도를 줄인다. 정내에 들어온 물은 부지런히 퍼낼 필요가 있다. 방치해 두면 점차 정이 무거워지고 파도의 저항이 증가하여 점차로 물이 들어오기 쉽게 된다.

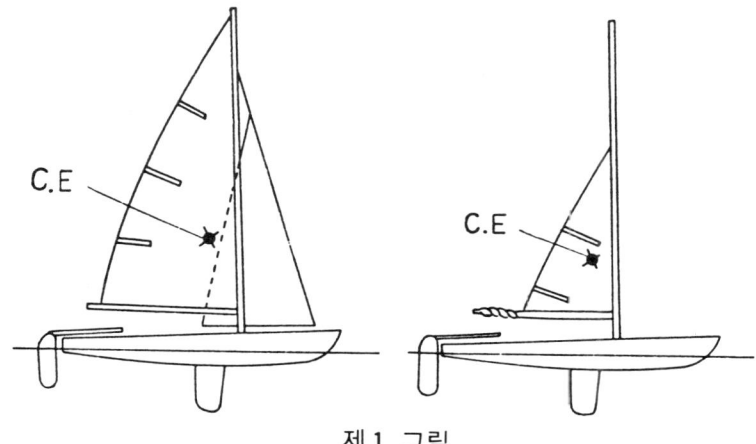

제 1 그림

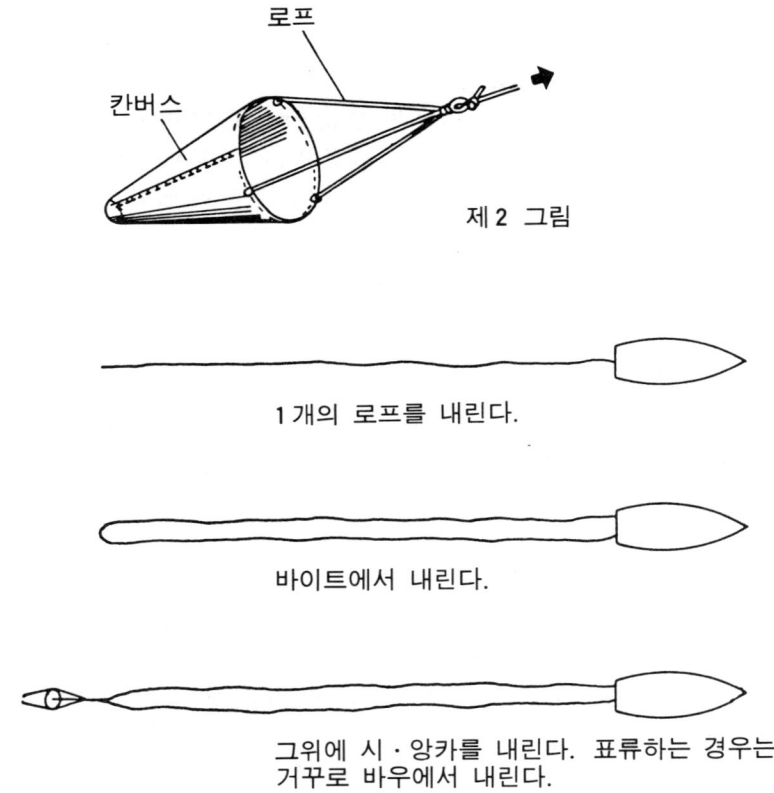

제 2 그림

1개의 로프를 내린다.

바이트에서 내린다.

그위에 시·앙카를 내린다. 표류하는 경우는 거꾸로 바우에서 내린다.

제 3 그림

리훵 (縮帆)

  리프하는 대부분의 표준으로써 풍속 매초 7미터 정도. 마스트를 치고 있는 스테이가 강풍으로 우는 상태가 제 1 단계이다. 이 이상은 바람의 강도에 따라 더욱 리프하는 것이다.

  리훵의 장치로서는 로라·리프와 스라브·리프가 일반적이다. 특히 스라브·리프는 조작이 간단하여, 크루저의 대부분은 이 리훵·시스템을 사용하고 있다.

로라·리프 〈제 4 그림〉

소형정의 로라·리휭의 순서는,
① 정을 풍상으로 세우고 붐을 끌어 당겨 붙이고, 메인 시트는 느슨하게 해둔다.
② 메인·하리야드를 느슨하게 하고, 돛을 필요에 따라 내린다.
③ 그스넥의 금구를 늘여 뜨리고,
④ 붐을 돌리고, 돛을 이것에 감아 붙인다.
⑤ 적당하다고 생각되어지는 곳까지 감아 붙였으면, 금구를 멈춘다.
⑥ 하리야드를 당겨 묶고, 범주로 이동한다. 대형정에는 특별한 그스넥이 사용되며, 크랑크를 꽂고 내부에 장치되어 있는 홈·갸에 의해 붐을 회전시킨다. 이 외 붐에 붙어 있는 링을 돌린 형도 있다. 로라·리프는 대체로 간단하여 단시간으로 상황에 따라 면적을 알맞은 곳까지 리프할 수 있다. 안전한 범주를 하기 위해서는 아끼지 말고 리프한다.

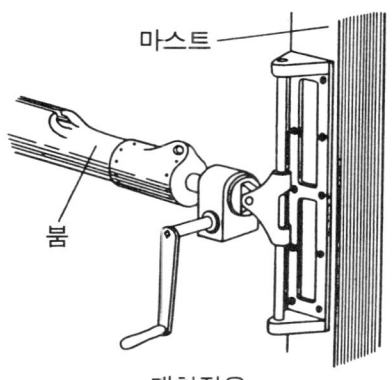

대형정용

제 4 그림

▶리휭한 시호스

스라브·리프(제 5. 6 그림)

스라브·리프는 메인세일에 강풍에 따라 원 포인트, 투 포인트 용의 아이스트랍이 부착되어 있다.

리횡의 방법은 정을 풍상으로 세우고, 메인·하리야드를 느슨하게 하고 메인·세일의 포인트 위치를 붐까지 끌어 내린다. 방법이 간단하여 재빨리 가능한 것과 리프 로프를 느슨하게 하거나, 강하게 하는 것으로 세일의 커브 조정이 가능한 것이 스라브·리프의 특징이다. 포인트까지 끌어 내린 세일은, 아이에서 쇽크 코드를 통하여 붐까지 내리지 않도록 한다 (제 6 그림).

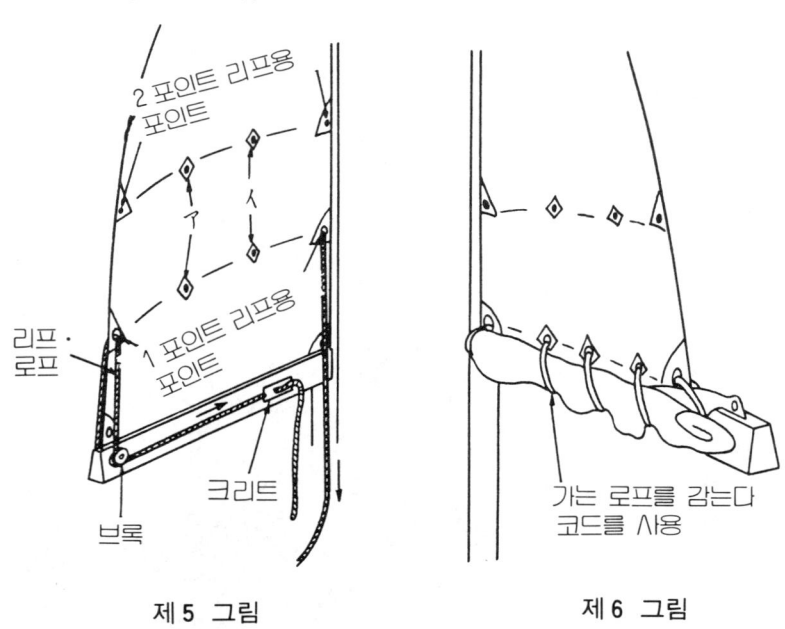

제 5 그림   제 6 그림

낙수(落水)

동승자가 낙수한 경우는 절대로 당황하지 않는다. 우선 구명대, 라이프·자켓, 그 외에 뜨는 물건을 던져 준다. 이것은 낙수한 사람이 잡아 떠있게 하는 것과 동시에 정이 되돌 때에 그 위치의 발견을 하기쉽게 하기 위해서이다. 다음에 정이 전진해 온 흔적, 진행 방향을 자세히 보아 콤파스를 사용하여 방향 각도를 읽어 둔다. 낙수자의 가까이에 도착, 위치를 확인 했으면 풍하쪽으로 접근하여 구조한다.

전복(転覆)

소형정은 밸런스가 깨지기 쉬워 전복하는 일이 많다. 물론 전복하지 않는 것이 이상하다. 그러나 익숙해지는 과정에서 잠깐 신경을 쓰지 않으면 전복당한다. 이런 경험을 가진 사람은 상당히 많다. 탓킹때의 시트의 얽힘, 과도한 힐, 횡파, 특히 정지해 있는 정은 달리고 있는 정보다도 복원력이 약하여, 동승자의 이동이나 정수에서의 작업 중 등 밸런스가 깨지면 횡전한다.

전복도 큰 강풍이 아니고, 벼랑 가까이라면 위험은 덜하다. 그러나 바람이 강한 경우에는 벼랑 가까이도 위험하다. 바다 한 가운데에서 전복하면, 해난이라고 하는 상황에 처한다.

▲전복한 요트의 센터 보드에 발을 걸고……

● 만일 전복하면

　①전복에서 우선 중요한 것은 인명이다. 최선을 다하여 구하도록 노력해야 한다. 또 반드시 구할 수 있다고 하는 신념과 함께 행동하고, 희망을 버려서는 안되는 것이다. 전복한 경우는 정에서 떨어져서는 안 된다. 정에 딱 붙어 있어야 하는 것이다. 파랑에 의해 붙잡고 있는 것이 불가능한 경우는 로프로 몸과 정을 묶는다. 길이는 신체가 정에 부딪치지 않는 정도 필요하고 자신 멋대로 헤엄쳐 나오려고 하는 것은 절대로 금해야 한다.

　②인명의 안전이 확인되면, 다음에 떠내려 가는 것을 가능한 한 모아 로프로 묶는다.

　③메인 세일을 마스트에서 떼어 낸다. 로프나 세일에 붙어 있는 리프·로프는 물에 닿으면 불어 두껍게 되고 좀처럼 빠지지 않게 되기 때문에 잘 두어야 한다. 집세일도 떼어 낸다. 정의 종류에 따라서는 세일을 붙인 채로도 정을 일으킬 수 있는 것도 있다.

　④앙카를 친다. 해저가 깊어 앙카가 닿지 않을 것 같아도 정의 흘러 내려감이 조금 덜 해지고, 안전도 좋아진다.

　⑤마스트 앞에 구명대나 라이프·자켓을 붙인다. 마스트가 수중으로 가라앉아 정이 거꾸로 되는 것을 막는다. 90도의 횡전이라면 어느 정도 유실도 막을 수 있다. 정이 완전히 거꾸로 되면, 센터·보드를 떨어뜨려 정이 일어 설 수 없게 된다. 이렇게 되면 사람이 잡고 붙어 있을 곳도, 끈으로 묶을 장소도 없게 된다.

　⑥횡전해 있는 정의 센터·보드에 타고 정을 일으킨다.

　⑦센터·보드·케이스의 부분, 비어있는 틈을 헝겊 조각 등으로 막아 배수한다. 정의 종류에 따라 자력 배수가 곤란한 경우는 구조를 기다리는데, 신체의 피로 상태를 생각한 위에 가능한 한 노력해 보는 것도 중요하다.

전복에 대비하여

　①바람이 강한 경우는 당연히 출정을 중지한다.
　②소형정은 단독으로 바다 한 가운데 있는 것은 위험하다. 그렇게 까

▲전복한 요트를 바람 방향으로 세워 체중을 걸고 단번에 일으킨다.

지 무리하여 바다 한 가운데서 범주하지 않더라도 해안의 가까운 곳에서 충분히 연습을 즐길 수 있을 것이다.

　③라이프·자켓은 반드시 사람 숫자 만큼 갖고 있어야 한다. 처음부터 착용하는 것이 당연하다.

　④전복에 의해 가라앉아 버리는 물건, 떠내려 가기 쉬운 물건은 정의 한쪽에 붙들어 매어둔다. 예를 들면 아카쿠미바켓스, 라이프·브이(구명대), 파돌(노), 비닐 주머니 속의 사물(의류, 음료수, 음식 그외) 등.

　⑤시·나이프는 적당한 길이의 끈으로 신체에 매어 둔다.

　⑥승원이 각자 로프를 준비해 두는 것에 의해 상당한 도움을 받는 경우가 있다. 이것으로 정과 사람, 사람과 사람, 흘러내려가는 부품 등을 묶을 수 있다.

　⑦포리탕크, 석유통, 발포수지 등을 부력물로써 정내에 묶어 두는 것도 좋은 방법이다.

무풍(無風)

전혀 바람이 불지 않는 경우는 적다고 생각한다. 희미하게 부는 바람도 유효하게 이용하여 해안으로 가까이 올 수 있도록 노력한다.

완전히 무풍인 경우, 해안 가까운 해상에서는 파돌이나 판자 조각으로 저어서라도 돌아올 수 있다. 바다 한 가운데서 무풍 상태가 되면 방법이 없다. 침착하게 판단하여 체력의 소모를 피하도록 마음 먹고, 다시 바람이 불어 오기를 기다린다. 바다 한 가운데로 나가는 경우는 식료품, 물 등을 준비해 둔다. 또 밤에는 여름이라도 상당히 춥기 때문에 자켓, 스웨터 등의 의류도 준비해 두어야 한다.

로프류가 잘라진다

▲라이프 자켓을 필히 갖출 것

이것이 잘라지면 마스트가 정의 꼬리 부분 쪽으로 쓰러질 위험이 있다. 이내 배가 런닝으로 달릴 수 있도록 돌리고 수리에 착수한다.

와이야·로프는, 바우라인·놋트로 원을 만들어, 이것에 다른 로프를 묶어 본래와 같이 친다. 손이 닿지 않는 곳이 끊어졌을 때는, 하리야드 또는 톳핑·리프트를 그대로 이용한다. 아이 프레트가 정에서 벗겨진 때는 로프로 정수에 동여매어, 포어·스테이를 이것으로 묶는다.

● 백・스테이
   런닝의 때, 또는 쟈이빙 때에 끊어지는 일이 매우 많다. 끊어지면 정을 풍상으로 향하여 마스트가 앞으로 쓰러지는 것을 막고 수리한다. 높은 곳의 경우는 하리야드, 또는 톳핑・리프트를 그대로 사용한다.

● 슈라우드
   잘라진 쪽이 풍하로 되도록 조작한 다음 수리한다. 수리의 방법은 포어・스테이 때와 같다.

● 시트
   시트류는 브록, 페어・리다 등에 의해 스쳐 끊어진다. 보통때 상처난 곳은 수리해 두든가 신품과 교환하여 두는 것이 제일이다. 메인 시트가 끊어지면 이내 정수를 풍상으로 향하고, 붐을 정의 중앙으로 끌어당겨 붙여 로프로 멈추고, 크로즈・홀드로 범주하면서 신품과 교환한다.
   집시트가 끊어지면, 다른 하나인 반대쪽의 시트를 일시 이용하고 끊어진 시트를 수리한다. 지금까지 사용하고 있던 시트를 묶는 경우는 매듭이 브록을 통과하지 않는 경우가 있기 때문에 주의가 필요하다.

● 하리야드
   하리야드가 끊어지면 돛이 떨어진다. 우선 정을 풍상으로 향하고 돛을 정상으로 모아 정리한다. 톳핑・리프트, 집・하리야드, 스핀네카・하리야드 등을 일시 이용하여 돛을 올린다.
   하리야드가 끊어지면, 마스트 상부의 브록에서 스쳐 빠지는데, 범주중 마스트에 타고 하리야드를 브록으로 통과시키는 작업은 위험하기 때문에 하지 않도록 한다.

마스트・붐이 부러진다

   마스트는 스테이류가 끊어진 경우에 부러지기 쉽게 된다. 부러진 때와 직면하면, 마스트가 정 위에서 떨어져 승원이 다치지 않도록, 또, 정의 파손을 일으키지 않도록 정외로 낙하하도록 정을 조작한다.
   떨어진 부분은, 상황에 따라 부러진 부분을 홀 등으로 싸서 연결하든지, 마스트의 남은 부분을 사용한다. 마스트가 쓸수 없게 된 경우는 붐을 마스트에 장치하고 홀, 보트·훅 등을 붐 대신에 사용한다. 붐이 부러지면 다른 도구를 쌓아 연결하든가, 또는 보트·훅, 홀 등으로 대용한다. 큰 수리를 하는 경우는 세일을 내리고 행한다.

　마스트·붐이 부러져 수리 후 다시 범주할 때는, 리프하는 쪽이 안전하다.

▲하얀 파도가 일어서는 강풍의 셸링

크루징

크루징의 즐거움

바다에 매혹된 요트맨의 최고의 것은 무엇이라 해도 크루징일 것이다. 넓은 바다위를 혼자서 범주하는 요트는 웅대한 끝없는 희망과 남자다운 면이 있다. 그것은 도회의 소음을 잊고 자연의 위대함을 느끼게 해 준다. 가족과 함께, 마음이 맞는 친구, 동료와 함께 크루징하는 즐거움은 인생의 추억이 되는 것이다.

● 크루저

크루저의 조건으로서 제일 중요한 것은 정이 절대로 안전해야 하는 것이다. 악천우의 경우 때라도 전복하지 않고 무사히 목적지로 도착할 수 있는 정이어야 한다. 실제로 전복하더라도 이내 본래로 되돌아 가는 복원력을 크루저는 갖고 있어야 한다. 제 2로는 승원이 정내에서 생활을 할 수 있어야 한다.

그러기 위해서는 승원분 만큼의 침대가 있고, 음식, 토일렛 등의 설비와 필요한 필수품을 보관하는 장소가 있어야 한다. 제 3은 정의 조종,

▲팀웍 완료, 크루징 출발!

▲크루징은 꿈과 즐거움으로 가득 차고……

취급이 용이해야 한다. 크루저로써 설계되어진 정의 크기에는 작은 것은 전체 길이 19척(약 6미터)에서 큰 것은 100척(약 30미터)까지 있다. 현재 일본에서 건조되어지고 있는 크루저는 19척(약 6미터)에서 38척(약 12미터)까지 다양하다.

정의 안전성에서 말하자면 반드시 소형정이 대형정에 비해 떨어진다고는 말할 수 없다. 경우에 따라서는 소형정 쪽이 파도에 뜨기 쉽고, 파랑에 휩쓸리지 않는 경우도 있다. 전체 길이 19척의 '마메이드 1세호'가 태평양을 횡단할 수 있었던 것이 그 실증이다.

● 크루저의 설비

크루저의 설비는 그 정의 승원 구성, 크루징의 목적 등에 의해 내용이 변하게 된다. 그러나 여기에서는 일반적인 크루저로서의 설비를 살펴보도록 하겠다.

● 식사

장시간을 해상 위에서 보내는 크루징에 있어서 식사는 제일 중요한 역할을 하고 있다. 그 때문에 부엌은 공기의 유통이 좋은 곳, 동요가 제일 적은 정의 중앙 부근을 선택하는 것이 보통이다.

설비로서는 최근에는 브탄가스가 많이 사용되며, 자동 점화식 가스버너가 부착되어 있다. 하수는 소형정에서는 직경 30센치 미터 전후의 비닐제나 알루미늄 볼이 끼워지는 식으로 되어 있고, 배수 파이프를 붙이지 않고 물이 모이면 볼마다 떠어 배수하는 장치이다.

▲대형 크루저의 부엌

큰 정에는 스텐레스 하수나 배수 설비가 되어 있어, 맨숀의 부엌과 다름이 없다. 그외, 식료품, 선반, 식기, 남비, 주전자, 솥 등의 도구가 모두 준비되어 있다.

● 휴식 · 수면

크루저에 있어서는 휴식, 수면이 기분좋게 이루어지지 않으면 안된다. 범주, 정박 중에 관계없이 공기가 항상 순환되는 것이 바람직하다. 그를 위해서 벤치레타의 설비의 필요도 생기는 것이다.

또 휴식을 위해서는 충분한 밝음이 있는 것도 중요하다.

▲대형 크루저의 바우에서 스턴에 걸친 내부

 침대는 정내의 앞부분과 뒷부분에 설비되는 것이 보통으로 대형정은 중앙의 소파가 2단 베드나 더블 베드가 된다. 베드 가까이에 의류장이나 젖은 의류를 수납하는 선반이 있다. 토일렛은 손잡이가 달린 소 구간으로, 수동 펌프에 의한 수동식의 양식 변기가 붙어 있고, 대형정은 샤워실을 겸비하도록 되어 있다.

▲대형 크루저의 캬빈 중앙

● 항해하기 위한 설비

크루징을 위해서는 예정 항로의 계획 설계, 범주 중의 정의 현재 위치, 위험 예방 등의 이유로 인해 당연히 해도를 펼쳐 놓게 된다. 그러나 좁은 소형정에서는 해도를 한면에 펼쳐놓는 것은 무리이다. 미리 해도에서 필요한 것을 사용하기 쉬운 크기로 종이에 옮겨 카피한 것을 준비해 두는 것이 좋다.

챠트테이블은 정의 중앙 부근, 부엌의 반대쪽에 설비되어 있다. 챠트테이블 근처에는 디바이드, 필기구, 신호기, 쌍안경을 격납 가능한 선반 장치를 해 놓는다.

● 파르핏트

크루저에는 승원의 낙수를 방지하기 위해 정의 바우와 스턴에 파르핏트가 붙어 있다. 또 그 전후의 파르핏트 사이에는 스탄숀(지주)이 세워져, 와이야 로프를 친다. 바우 부근은 흔들림이 크기 때문에 그 위에 네트를 친다.

▲파르핏트

그외 집세일, 스핀네카 바꿔 치는 것, 선외기의 착탈, 나쁜 날씨의 범주 중의 격렬한 롤링 때문에 승원이 떨어지거나 갑판 보행중 미끄러짐에 낙수를 막기 위해 승원 안전 벨트가 준비되어 있다.

● 보조 엔진

최근 크루저에는 반드시 보조 엔진이 붙어 있다. 항구 출입 때, 요트와 요트사이를 스쳐 빠져 지날 때, 조류가 빠른 수로 부분 등을 지날때 엔진 주행은 뺄 수 없는 것이다.

인보드·엔진(선내기)과 아우트보드·엔진(선외기)이 있는데, 각각 일장 일단이 있다. 인보드·엔진은 콕핏트에 앉은 채 조작이 가능하고 특히 날씨가 나쁠 때 떨어져 나가거나 하는 위험이 없다. 그러나 엔진 소리나 진동이 강하고 손질하기가 어렵다고 하는 결점이 있다.

오히려 24척 정도까지의 정에는 아우트보드·엔진 쪽이 적합하다. 스타트도 비교적 간단하고, 사용하지 않을 때는 육지로 올려 손질이 가능하고, 또 조풍을 피하는 장점이 있다. 뭐라고 해도 요트에 사용되는 엔진은 빠른 회전수나 스피드 보다도 프로펠라가 크고, 강력함이 있는 것이 요구된다.

24척 정도까지의 정이라면 3～5마력 정도의 선외기로 충분하다. 가소린은 언젠가 불의로 인하여 인화되는 경우가 많으므로 가소린의 화재에 유효한 소화기구를 준비하는 것도 필요하다는 것을 덧붙여 말해 둔다.

▲아우트 보드의 엔진을 부착하고 있는 크루저

● 해 가리기 오닝

한 여름의 요트 갑판은 앉을 수 없을 정도로 뜨겁기 때문에, 정의 붐을 이용하여 해 가리기 오닝을 치고 해가 가려진 시원함을 즐기는 것이다. 또 이것은 비가 올 때도 이용할 수 있고, 콕핏트가 젖는 것을 막아주기도 한다. 정에 맞게 치는 방법을 생각해 내어 만들어 보는 것도 재미있을 것이다.

● 정등(艇灯)

야간 항해하거나 숙박하는 크루저에는 등불 설비가 필요하다.

보통은 6볼트나 12볼트의 자동차용 밧데리를 사용하는데, 가능하다면 12볼트 쪽이 여러가지 점에서 편리하다. 배선은 비닐제 코드라도 좋은데, 캅프타이야를 쓰는 편이 단단하다. 배전판은 힛치 가까이에 붙이고 스넵·스위치에 의해 점등한다.

점등 장소는 정내 조명, 캬레, 챠트·테이블, 콤파스 조명, 현등 등이다. 또 콘센트를 하나 여분으로 설비해 두면 좋다. 야간 작업은 또 시그날·라이트로 가능하다.

정의 전기 설비는 조수 때문에 손상이 빠르다. 날마다 때때로 주의를 기울여 정비해 두어야 한다. 또 사용 후에는 반드시 육지로 올려 충전해 둔다. 보조로써 방수형의 회중 전등은 최저 2개 준비하고, 그 위에 서치라이트(강력 전등)와 밧데리·렌턴이나 석유 램프를 1개 준비해 두면 편리하다.

안전 비품 및 장비

WORC(세계 외양 범주 협회)에서는 오우션·레이스 참가정의 준비 비품 및 장비에 대하여 레이스의 규모에 따라 상세히 규정을 정해 놓고 있다. 레이스에 참가하는 경우는 이 규정대로 준비해 두지 않으면 출장할 수 없다.

훼밀리·크루저에서도 다음의 비품 장비는 당연히 준비해야 한다.

1. 승원수의 반수 이상의 침대.
2. 레이스 거리 100리마다 1인 4컵 이상의 청수. 2개 이상의 탱크 또는 용기에 넣어.
3. 식량 1인 2일분 이상.
4. 취사 설비. 날씨가 나쁜 경우에도 전원이 따뜻한 식사를 할 수 있는 안전한 설비.
5. 항해등, 양색등 또는 현등 1조. 맑은 날이면 1리에서 알아 볼 수 있는 것 (전등은 6W 이상). (이하는 생략).
6. 방수등. 2개 중 1개는 발광 신호에 사용할 수 있는 강력한 것. 밧데리는 240V·A·H 이상의 역량이 바람직하다. 전구는 6W 이상.
7. 필요한 해도, 항해 요구 일체.

▲소형정으로 셀링하는 모습

  8. 유효한 트랜지스타·라디오, 가능하면 R·D·F (무선 방향 탐지기).

  9. 콤파스 2개, 이중 하나는 선체에 부착, 조명이 필요.

 10. 무중 호각 (안개속에서의 호루라기).

 11. 수기.

 12. 유효한 배수장치(대형의 깊은 정은 빌지펌프 2개). 소형정은 바켓트도 가능.

 13. 힛치. 스카이라이트가 불려 날리지 않도록 장치.

14. 큰 창의 맹판(칸누키도 준비해 두면 좋다).
15. 외현개구에는 판이 필요. 목판도 준비.
16. 수리 도구 (톱, 드라이버, 망치, 펜치), 야리스, 스파나 등.
17. 수리 예비품(와이야, 목네지, 로프 샤클, 브록, 핀볼, 볼트넛트, 못, 압정, 턴벡클, 철사).
18. 응급 키 조절용 티라(티라가 직접 키 머리에 붙어 있지 않은 요트).
19. 바우 파르핏트.
20. 라이프 라인. 상부의 것은 와이야·스탄숀의 발은 갑판으로 통하도록 하고, 볼트로 묶어 붙여 둘 것.
21. 메인세일의 유효한 리프 장치. 포인트 리프의 요트는 붐갸로스를 준비한다.
22. 악천용 세일 (스톰집).
23. 소화기 2개.
24. 라이프·자켓 전원분.
25. 구명 브이 2개.
26. 구급 상자.
27. 조난 신호 연막탄.
28. 닻 2개.
29. 안전 벨트 및 명망 전원분.
30. 닻줄. 충분한 강도, 충분한 길이 2줄 이상.

가능하면 휴대해야 할 비품 및 장치.
1. 국제 신호기, 신호표.
2. 레이다 반사기.
3. 리긴·캇트.
4. 자동 발광 브이, 호루라기.
5. 구명정.
6. 피전용 아스 1선.

항해술 (航海術)

크루저는 일상 연습하고 있는 좁은 범위의 바다에서 멀리 떨어진 잘 모르는 해양으로 타고 나가는 것이다.

출발 지점에서 예정의 지점으로 가장 안전하게 항해하기 위해서는 도중에 배의 위치를 측정하여 해상에서 일어 날 수 있는 여러가지 다양한 문제를 해결하는 방법이 항해술이다.

여기에서는 한국 근해를 요트로 크루징하는 데에 가장 필요한 정도로 그쳐 두는데, 더욱 정확을 기하려는 때나 대양을 항해하는 경우는 전문의 공부와 실제를 충분히 연습해 두어야 한다.

● 해상(海上)의 거리와 속도

해상에서는, 미터법이 실시되어지고 있는 현재에도 특수한 예로서 다른 단위가 쓰여진다. 그것이 해리와 놋트이다. 1해리란 지구의 중심에서 각도 1분에 해당하는 지구 표면상의 거리이다. 1해리는 1852미터가 된다. 또 1해리의 10분의 1을 1케이블 이라고 하고, 185.2미터(68척)에 해당한다. 배의 속력을 나타내는 단위로서는 놋트를 사용한다. 1놋트는 1시간에 1해리(1852미터) 전진하는 속도이다. 예를 들면, 속력 5놋트 라고 하면 1시간에 5해리의 속도라는 뜻이다.

요트의 속도를 측정하는 방법은 여러가지가 있으나, 그 일부의 방법을 들어 보도록 하겠다.

핸드 로그

날개 모양의 나무 조각에 가는 로프를 길게 묶는다. 나무 조각을 배에서 던지면 마력에 따라 로프가 감기는데, 이 로프에 간격을 두고 표시용의 천을 묶는다. 일정한 시간이 흐른 뒤 감겨진 것을 꺼내 보면, 헝겊의 수로 놋트를 알 수 있게 된다. 이 경우 나무 조각에 매어둔 헝겊을 처음 몇 미터는 버리고 중간 정도에서 측정하는 것이 정확하다.

덧치만 로그

나무 조각을 정수에서 내 던지고, 동시에 초 읽기를 시작, 나무 조각이 정꼬리 부분까지 흐른 시간을 재어, 정의 길이에 따른 스피드를 아는 방법이다. 정밀도는 대체로 떨어지지만, 간편하게 대략적인 속도를 구할 수 있다. 제1표는 정의 전체 길이에서 산출해 낸 속도표이다. 이들의 속도는 어디까지나 물에 대한 속도이기 때문에 대지 속도와 다

소요시간 (초)		12	11	10	9	8	7	6	5	4	3	2	1
요트의 총길이와 그 시속(놋트)	19척	0.9	1.0	1.1	1.3	1.4	1.6	1.9	2.3	2.8	3.8	5.6	11.3
	20	1.0	1.1	1.2	1.3	1.5	1.7	2.0	2.4	3.0	3.9	5.9	11.8
	21	1.0	1.2	1.2	1.4	1.6	1.8	2.0	2.5	3.1	4.1	6.2	12.4
	22	1.1	1.2	1.3	1.4	1.6	1.9	2.2	2.6	3.3	4.3	6.5	13.0
	23	1.1	1.2	1.4	1.5	1.7	1.9	2.3	2.7	3.4	4.5	6.8	13.6
	24	1.2	1.3	1.4	1.6	1.8	2.0	2.4	2.8	3.6	4.7	7.1	14.2
	25	1.2	1.3	1.5	1.6	1.9	2.1	2.5	3.0	3.7	4.9	7.4	14.8
	30	1.5	1.6	1.8	2.0	2.2	2.5	3.0	3.6	4.4	5.9	8.9	17.8

소수점 이하 2 자리는 5 사6 입

〈표 1〉 덧치만 로그

른 산출 방법이 필요하다. 물의 흐름이 정의 진행과 같으면 프러스 하고, 거꾸로인 경우는 정의 속도에서 물의 유속을 마이너스해야 한다.

● 해도(海圖)

 크루징하는 데는 해도가 필요하다. 해도는 해상 관계의 연구소나 관계기관, 또는 전문 출판사 등에서 펴내고 있다. 해도에는 가지가지 기호나 약자, 숫자가 표시되어 있는데, 그 설명, 범례는 싣지 않고 있다. 처음 해도를 구할 때는 기호의 설명만 써있는 해도 도식을 사서 빨리 기호의 내용을 외우지 않으면 안된다. 해도 도식은 큰 한 장의 종이인데 이것을 재단하여 두면, 보기도 쉽고 상당히 편리하다. 스크랩·북 등을 이용하는 것도 좋은 방법이다.

● 수로 책(水路冊)

 언제나 크루징이나 먼 항구로 항해하는데는 해도와 함께 그 지방의 상황을 미리 조사해 두기 위한 참고 자료가 필요하다.

수로지(水路誌)

해도만으로는 표현할 수 없는 것. 기상, 해상, 항로, 지형, 항로 표시, 항만 상태가 기록되어 있다.

항만지

한국 연안의 항만의 역사, 지세, 기상, 시설, 출입항 지침 등이 실려있다.

등대표(灯台表)

야표, 항공 등대, 주표, 특수 신호, 무선 방위 신호, 방송국에 관한 제 규칙.

조수표

각지의 주요 항구, 중요한 해협, 수로의 조시, 조수의 높이 및 조류에 관하여 기재되어 있다.

● **해도 용구(海圖用具)**

삼각정규(三角定規)

2개가 1조로 되는 것이 보통인데, 24센치 정도의 투명한 것이 좋은

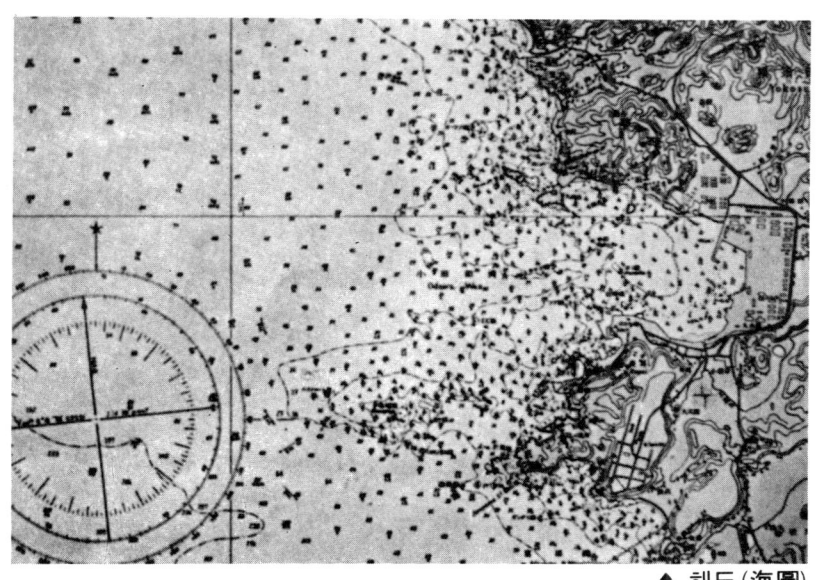

▲ 해도(海圖)

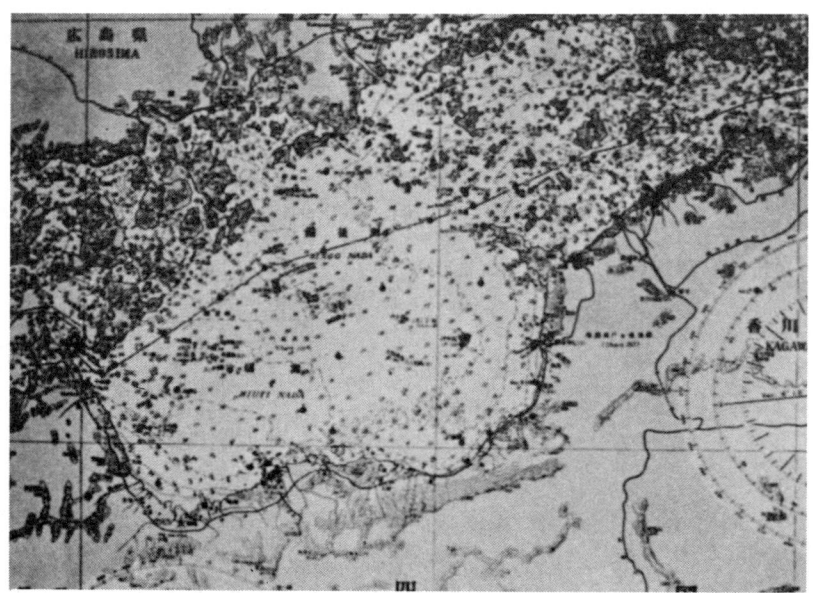
▲해도(海圖)

것이다. 해도 위에 평행선을 그을 때 등 없어서도 안되는 물건 중 하나.

다바이드

양 다리의 끝이 뾰족하게 되어 있는 것으로, 길이 15센티 전후의 것이 적당하다. 경·위도를 표시할 때 사용한다.

연필·지우개

연필은 B~3B정도의 부드러운 것. 지우개는 제도용의 질좋은 것을 사용한다. 그 외에 장목비, 르페(확대경), 문진 등을 준비해 두면 편리하다.

● 쌍안경

배가 안전한 항해를 하기 위해서는 항상 망을 볼 필요가 있다. 망 보는데는 육안에 의한 것과 쌍안경으로 먼 곳을 확인하는 방법이 있다.

쌍안경은 배율이 크다고 좋은 것은 아니다. 쌍안경으로 가장 사용하기 편리한 것은 50 × 7 (7배 50$^m\!/\!_m$, 대물 렌즈의 경이 50$^m\!/\!_m$)이라고 되어 있다. 이 이상의 배율(8 ~ 12배)이 되면, 파도에 의해 상, 하, 좌, 우로 흔들리는 배에서는 보려고 하는 목표가 움직이기 때문에 상당히 보기 어렵게 된다.

쌍안경에는 렌즈 안에 분획이 있는 것과 없는 것이 있는데, 분획이 있는 쪽이 거리를 잴수 있기 때문에 편리하다. 분획의 1개 선은 1000미터의 거리에 있는 1미터 길이의 것을 보는 각도를 의미하고 있다. 이것에 의해 상대의 길이(높이)를 알수 있으며, 분획에 의해 상대의 거리를 산출하는 것이 가능하게 된다. 예를들면 전체 길이 7미터의 요트가 분획 5개로 볼 수 있으면,

$$거리(d) = \frac{\ell}{a} \times 100 = \frac{7m}{5(분)} \times 1,000 = \frac{7,000}{5} = 1,400m$$

요트까지의 거리는 1400미터가 되는 것이다. 이 산출 방법을 알고 있으면, 상대 요트의 마스트 높이를 알 수 있는 경우나 해도에 나타나 있는 등대, 산의 높이를 보고 거리를 간단히 계산할 수 있다.

● 콤 파 스

크루징에는 마그네틱·콤파스(자기나침의)가 필요하다. 가능하면 스테아링(조타) 용과 베어링(방향 측정)용의 2가지를 준비한다. 콤파스의 표시에는 여러가지가 있는데, 현재에는 알기 쉬운 360도 식을 사용한다.

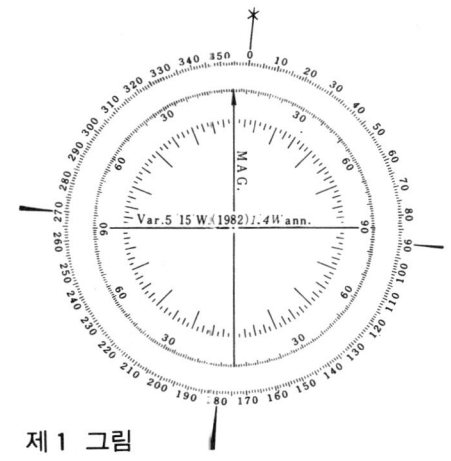

제1 그림

스테아링·콤파스를 장치하는 장소는 키를 잡는 사람이 제일 보기 쉬운 위치이어야 한다. 소형 크루저에는, 콕핏에서 캐빈으로 들어 가는 딩기의 중앙이나 콕핏에 판을 걸쳐 놓고, 그 중앙에 위치하도록 한다.

야간 항해 때는 콤파스에 조명이 필요한데, 조명은 너무 밝으면 좋지 않다. 카드의 글자를 읽을 수 있을 정도면 충분하다. 빛의 색은 하얀 색, 붉은 색 보다도 쿡 색(안바)이 좋다고 한다.

편차(베리에숀)

마그네틱·콤파스는 지구상에 설정된 진짜 북극을 지시할 수 없다. 지구 자기가 있는 자북을 지시하고 있다. 본래의 북극으로 향하고 있는 선(자오선)과 자선이 지시하고 있을 선의 다른 각도를 편차(베리에숀)라고 한다. 이 각도는 지구상의 위치에 의해 차이가 생긴다. 해도의 안에 숫자가 있는 곳에 콤파스·로즈(해도상의 인쇄되어 있는 콤파스 카드와 같은 것)가 표시되어 있는데, 이 중에 써있는, 예를 들면 Var. 5′ 15′W (1982)는, 부근에서는 본래의 북보다도 5분 15분 서쪽을 가르킨다 라는 것을 나타내고 있는 것이다 (제 1 그림) 이것은 년월에 의해 다소 변하기 때문에 괄호 내에 기준의 년도가 표시되어 있고, 그 오른쪽에 매년의 증감의 양이 써 있다. 해도를 볼 때 편차 수정은 불가결하다.

▲콕핏트 중앙의 콤파스

자차(데비숀)

자석은 외력의 영향이 없으면 자극을 나타내는 것인데, 배의 콤파스는 엔진, 닻 등 철기에 의해 자기 작용을 받아, 자극의 방향을 나타내지 않는 경우가 있다. 이 자기 작용을 받은 나침이 지시하는 방향(콤파스 방위)과 자극의 방향(자침 방향)과의 차이를 자차라고 한다. 자차는 배머리 방향이 바뀐 때나 지구상의 위치나 변화, 일시, 철기의 이동, 선체의 경사, 낙뇌가 있는 때 등에 변화한다.

풍압차(리웨)

배가 진행 중, 바람은 한쪽에서 불어 오기 때문에 배는 앞쪽으로 전진하면서 점점 풍하로 눌러 떠내려가서 항적과 배의 머리와 꼬리선은 얼마간 각도가 생긴다. 이것을 풍압차(리웨)라고 한다 (제 2 그림).

풍압차는 일반의 배에 생기는 경우도 있지만 특히 요트에는 일어나기 쉬운 현상이다. 풍압차는 배의 항적과 침로와를 비교하여 구하며, 주로 눈 측량으로 결정한다.

● 항로(航路) 선택 방법

크루징을 계획하는데 있어서는 다음과 같은 주의와 준비가 필요하다.

1. 안전 제일을 명심 할 것. 불안감이 생기는 항로는 피하지 않으면 안된다.
2. 사전에 면밀주도의 계획을 세우고, 정을 완전히 정비할 것.
3. 해도의 정밀도에 주의하고, 오래된 해도는 사용하지 않도록 세심한 신경을 쓸 것.
4. 수로에 관한 서적에 의한 조사, 항해 규칙을 읽어 고치도록 할 것.

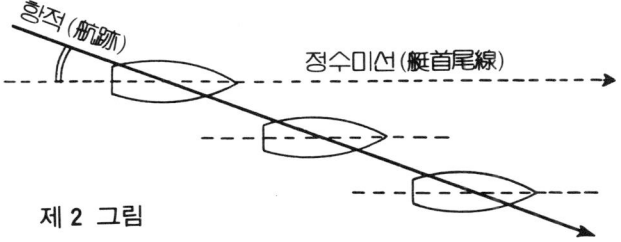

제 2 그림

5. 다소 항로가 멀리 돌아가는 형식이더라도 구별하기 쉬운 등대 섬 등을 기준으로 한 항로를 선택할 것.
6. 예정 항로는 콤파스의 보기 쉬운 0°, 5°, 10°, 15° 등의 침로에 의해 구성한다.
7. 예정 항로의 경험자로부터 체험이나 의견을 잘 들어 둘 것.

● 정위(艇位) 측정

정위 측정법에는 몇가지 종류가 있으나 특히 관계 있는 것으로써는, 지문항법에 속하는 연안항법, 무선항법, 및 천문항법을 들 수 있다.

● 연안항법

연안항법이란 정이 해안을 따라서 항해하는 경우, 저명한 육상 물표나 항로 표식에 의해 정의 위치를 정하는 항법을 말한다.

1. 실측 위치

지상 물표의 방위, 거리 또는 무시 방위 그 외의 전파를 측정하여 구한 위치를 말한다.

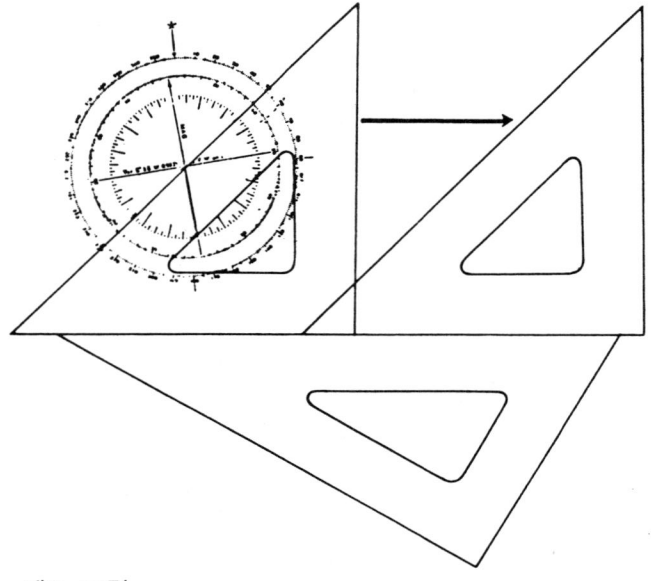

제 3 그림

▲크루저 내부에서의 챠트웤

2. 추측 위치

단순히 침로를 측정의 등의 계산에 의해 구한 위치로, 풍·조수에 의한 풍압, 유압 등의 외력의 영향을 가미하지 않은 위치를 말한다.

3. 추정 위치

추측 위치 그 위에 풍압이나 유압 등의 외력의 영향을 가미하여 실제에 가깝게 추정하는 위치를 말한다.

4. 침로 및 방위의 기입 방법

해도상의 A지점에서 침로를 기입하는 경우는, 해도상의 부근의 콤파스 가드에 3각 정규를 대고, 자침로이면 내측의 자침 방위에 합치고, 나침로이면 자차의 도수만큼 돌린 다음, 평행하게 이동시켜 A지점에서 직선을 긋는다 (제 3 그림).

● 크로스 방위법

연안 항해중, 위치가 정확한 등대나 산정, 저명한 물표 등에 의해 2개 이상의 방위선을 추정하여 해도상에 그 교점을 구하여, 그 시각의

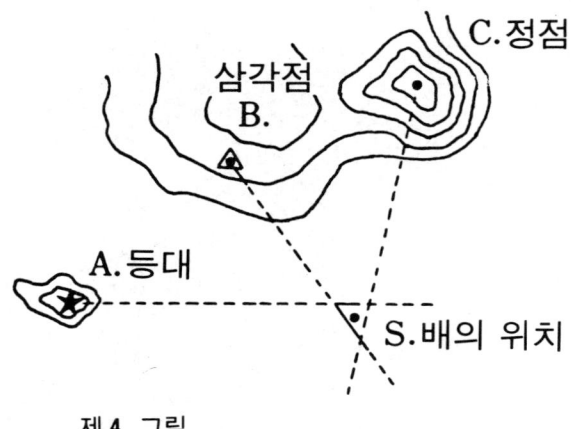

제 4 그림

정위로 삼는 방법이다 (제 4 그림). 이 경우, 2방위선만으로는 오차가 있어도 발견할 수 없기 때문에 가능한 한 3개 이상을 관측한다. 실제로는 순간적 동 시각에 3개를 측정할 수 없기 때문에, 반드시 교점은 작은 3각형이 된다. 이 경우는 일반적으로 그 중앙을 취하여 정위로 본다. 그러나 3각형이 너무 큰 경우는 무엇인가 부정확함이 있는 것이니까 원인을 조사해 고쳐야 한다.

크로스 방법 실시상의 주의
(1) 방위선의 교각을 두 선일 때는 직각에 가깝게, 세 선일 때는 한각이 60도 전후인 것을 뽑는 것이 이상적이다. 각도가 너무 작을 때나 직선 가까운 경우는 부정확하게 된다.
(2) 먼 것에서 되도록 가까운 물표를 뽑을 것
(3) 방위의 변화가 늦는 정수 방향 부근의 물표를 먼저 측정하고, 방위 변화가 빠른 바로 옆 부근의 물표는 최후에 관측할 것.
(4) 정위를 측정한 다음은, 그 관측 시각및 측정의 횟수를 기입한다.
(5) 해도상으로 신뢰할 수 있는 지물의 예로서는 표고를 명시한 산정, 섬, 저명한 육각, 바위, 첨탑, 굴뚝, 현저한 숲, 등대 등 해도상에 ▲·◎의 기입이 되어 있는 것이 좋다.

● 삼표 양각 (三標両角)

 이것은 콤파스에 의한 방위선을 이용하지 않고 6분의로 중앙의 물표에서 좌우 각 물표의 수평 협각을 재어, 3간 분도기를 사용하여 그 2각을 포함한 원주의 교점을 구하여 정위를 결정하는 방법이다(제5 그림). 3간 분도기가 없는 경우는 트레싱페이퍼 위에 잰 각도와 비슷한 각도를 갖는 3개의 직선을 한 점에서 긋고, 이 3개의 직선을 해도상의 목표에 각각 겹쳐 위치를 낸다.

● 목표 선택 방법

 (1) 중앙의 물표가 좌우 양표를 연결하는 선의 안쪽(정 가까이)에 있고, 양각의 합은 60도 보다 크고, 120도 보다 작은 것이 좋다.

 (2) 3표는 대개 1직선 위에 있고, 양각의 합이 60도 보다 크고, 120도 보다 작은 것(제 7 그림).

 (3) 정이 3표를 정점으로 3각형의 안쪽에 있으면 좋다(제 8 그림).

 (4) 삼목표와 정이 동일 원주상에 있는 것, 또는 이것

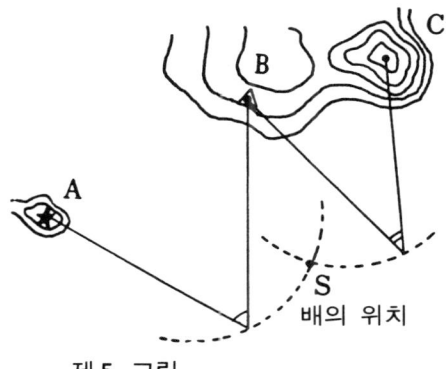

제 5 그림

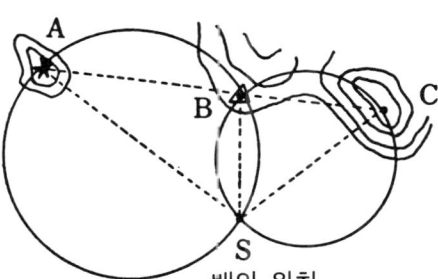

제 6 그림

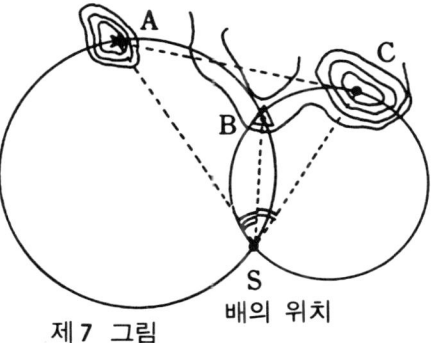

제 7 그림

에 가까운 것은 오차가 나오기 때문에 피한다 (제9 그림).

● **1 물표의 방위와 다른 물표와의 협각에 의한 방법**

1 물표의 나침 방위를 재어 해도상에 방위선을 그린다. 이 선상에 임의의 점이 있어서 양 물표의 잰 각도를 긋고, 다른 물표의 위치까지 평행하게 이동하여 구한다(제10 그림).

● **2 물표의 중시선과 다른 물표의 방위선 또는 협각에 의한 법**

2 물표가 서로 겹쳐져 1직선으로 보이는 순간에, 다른 1물표의 방위 또는 다른 물표와 중시선과의 협각을 재어 정위를 측정하는 방법이다(제11 그림).

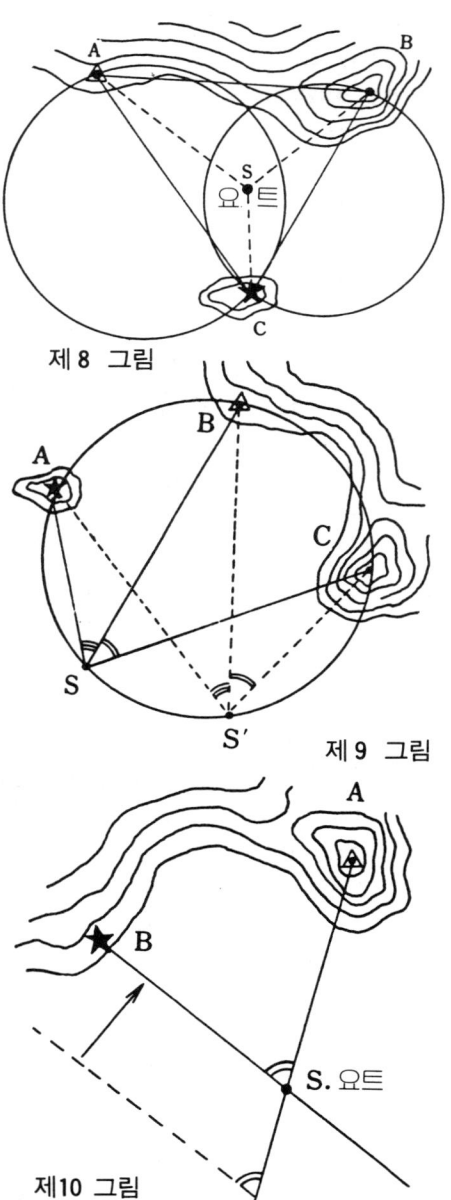

제8 그림

제9 그림

제10 그림

● 1 물표의 방위와 그 거리에 의한 법

1물표의 방위를 측정하여 해도상에 방위선을 그리고, 동시에 잰 물표의 거리를 물표를 중심으로 하여 원을 그려 교점을 정의 위치로 하는 방법이다 (제12그림). 거리를 측정하는 방법의 일부로써 다음과 같은 것이 있다.

(1) 측거의나 레이다에 의한다.

(2) 쌍안경의 분획눈금에 의한다. 1눈금은 1미터의 길이를 100미터의 거리에서 볼 때의 폭이기 때문에, 예를들면 40미터의 삼각점을 20분획으로 측정한 경우는, 그 거리는 40÷20×100=200(m)이 된다.

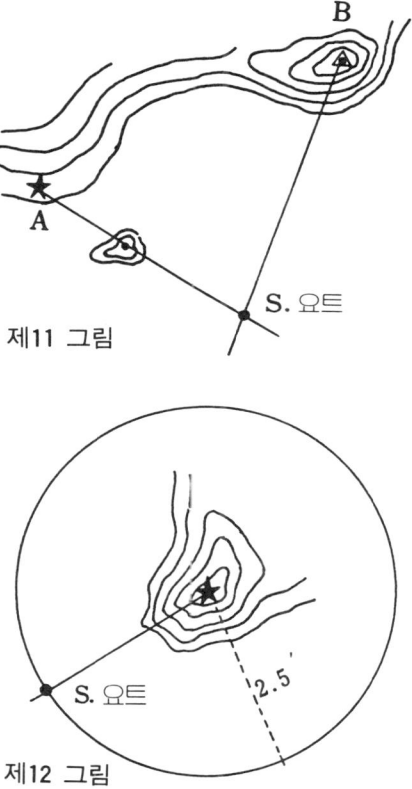

제11 그림

제12 그림

(3) 야간, 등대의 빛이 수평선상에 나타나는 순간은 잘 알 수 있기 때문에, 이 거리가 해도에 기재되어 있다. 단지 이것은 고조면상 눈 높이 5미터에 대한 것이기 때문에, 눈 높이의 위치가 다른 경우는 등대표 권 끝의 시달 거리표를 이용하여 광달 거리를 출산할 필요가 있다.

● 전위선에 의한 방위 추측법

1개의 방위선만으로는 정의 위치를 구할 수 없지만, 어느 시간 범주한 후 다시 앞의 물표의 방위를 측정하는 것에 의해 정의 위치를 추측하는 것이 가능해진다. 이 방법은 야간 1대의 등대만으로 볼 수 없는 경우, 위치는 측정할 수 있지만, 거리를 알 수 없는 때에 이용되어진다.

● 양측 방위법

　물표의 방위를 재어 해도상에 방위선을 그리고, 후에 일정의 침로를 달려 그 달린 거리와 침로를 제1의 위치인 선상 임의의 점에서 선을 긋는다. 다시 동일 목표의 방위를 재어 제2의 위치인 선을 그어, 제1의 위치인 선을 평행하게 이동시키면, 그 교점이 구하는 정의 위치이다 (제13 그림).

● 선수배각법

　이것은, 후에 측정한 제2 위치의 선과 침로가 이루는 각도가, 최초로 잰 제1 위치의 선과 침로의 각도의 2배로 하는 것이다. 바로 2등변 3각형의 응용이다. 이 조건에 맞는 방법을 취하면 달린 거리를 제2 위치의 선상과 비슷하게 구할 수 있다 (제14 그림).

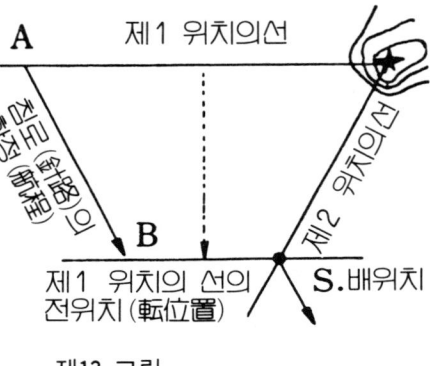

제13 그림

● 4 점 방위법

　이것은 선수 배각법의 일종으로, 제1 선수각을 4점(45도), 제2 선수각을 8점(90도), 즉 바로 옆으로 하면 양쪽 사이의 거리가 후측 때의 바로 옆거리가 된다(제15 그림). 이 바로 옆위치는 정이 목표에 가장 가까운 때이며, 침로를 변경하는 등, 중요한 요소를 포함하는 점이다.

● 천문항법

　태양, 달, 별의 방위, 고도를 식스턴트(6분의)로 측정하여, 구면 3각법의 계산에 의해 가정 위치와 실측 위치의 오차를 산출하고, 배의 위치를 측정하는 방법이다.

　육상 물표를 얻을 수 없는 외양 항해에서 주로 행하는데 숙련된 기술을 요하는 방법이다.

● 무선항법

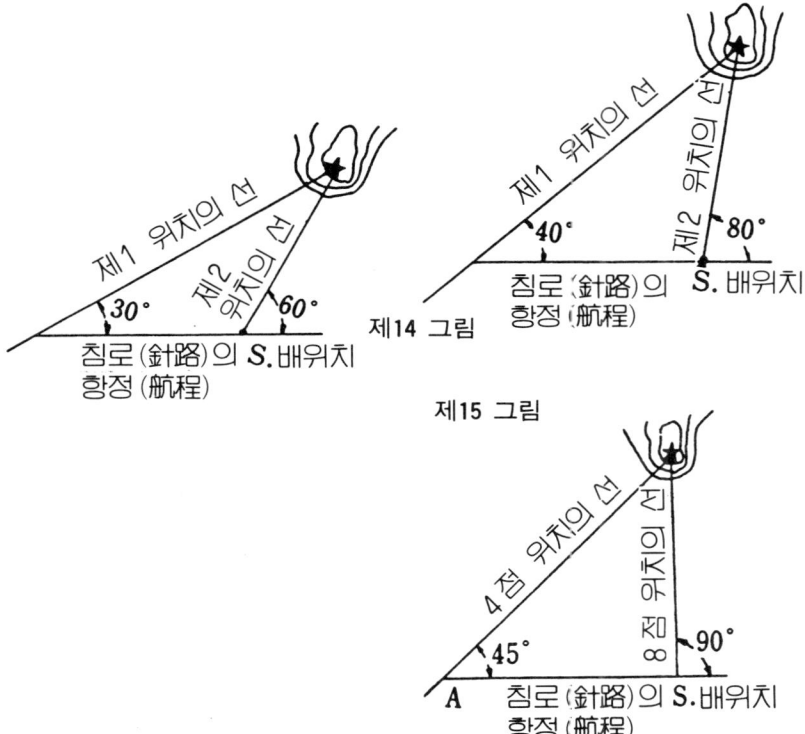

제14 그림

제15 그림

　종래의 선위 측정은 지문항법, 천문항법으로 행하여져 왔었으나, 정확한 배의 위치를 내는 것은 상당한 기술을 필요로 한다. 그런데 일렉트릭의 발달로 최근에는 무선항법이 일반화되어, 스위치 보턴의 조작으로 순간에 자신의 배의 위치(위도, 경도, 해도상의 1점), 진행 방향, 스피드, 다른 배의 위치, 장해물, 심도 등까지 표시할 수 있게 되었다. 이 때문에 구름이나 안개나 비, 눈 등에 방해를 받지 않고 훨씬 안전하게 항해할 수 있는데, 그렇다고 해서 지금까지의 천문, 지문 항법을 몰라도 좋다고는 말할 수 없다. 바다의 사나이로써 당연히 이 모든 것을 몸에 익혀 두어야 하는 것이다.

　크루저가 사용하는 항해 계기로써 목적별로 다음과 같은 종류가 있다. 이들의 계기는 자신의 배의 크기나 사용 목적, 항해 테리토리 등에 따라 선택하여 사용하도록 한다.

(1) 목적별의 분류
a. 선위측정
   방향 탐지기, 로란 수신기, 레이다
b. 충돌 방지 레이다
c. 항적 기록 장치—비디오프롯타
d. 심도 측정과 어군 발견—어군 탐지기
e. 정보 수집—선박용 홱시밀리

(2) 방향 탐지기 (DF)

방향 탐지기 (디렉션화인더)는 해안국, 다른 배, 브이, 라디오국 등에서 내보내고 있는 전파를 케치하여 방향과 거리를 아는 계기이다. 다른 배에서 오는 긴급 조난 전파는 발신하는 위치를 알아 도울 수 있고, 지상으로부터 오는 전파는 자신의 배의 위치를 알릴 수 있다. 다른 계기와 비교하여 가격이 싸기 때문에 요트·모터보트 등에 널리 사용되고 있다. 수신 전파는 중파~단파대, 26~27MHZ대, 150MHZ대 등이 있다.

(3) 로란 신호기

로란은 쌍곡선 전파항법이라고 하여, 지상의 주·종국에서 발사되어

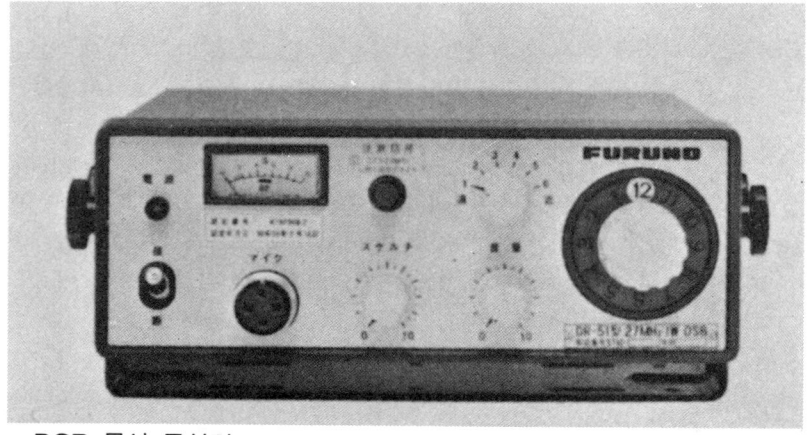

▲DSB 무선 통신기 DR-51

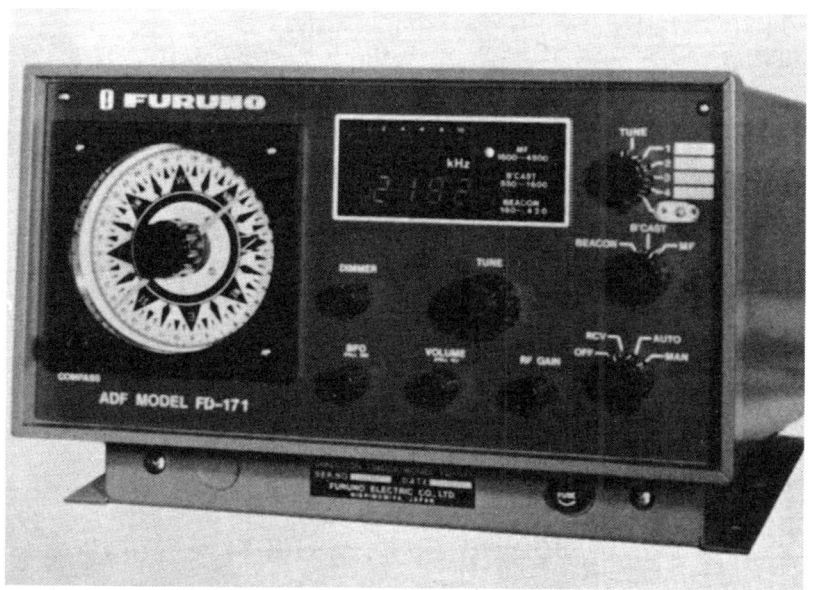

▲방향 탐지기 DF-171

진 전파의 도달 시간차를 측정하는 것에 의해, 자신의 위치를 아는 방법이다. 그 기능은
- 항행중 자신의 배의 위도, 경도.
- 목적 지점까지의 방위, 거리, 소요시간.
- 침로와 수정 방향의 지시.
- 변침점 연속 기록.

이것들이 보턴을 누르면 순간적으로 표시된다. 로란항법에는 파장의 장·단에 의해 로란 A와 로란 C가 있고, 파장이 긴 로란 C가 광범위를 커버하기 때문에 일반적으로 많이 쓰인다.

(4) 비디오프롯타

로란 항법 장치나 위성 항법, 오메가 항법, 뎃카 항법 각 장치에도 접속시켜 사용하는 영상식 항적 기록기이다. 브라운관에 해안선, 섬, 항구, 등대, 암초, 어군 등이 칼라로 표시되고, 출발 항구에서 목적 지점까지의 예정 항로, 자신의 배의 항적도 직선과 점선으로 각각 기록되어진다. 이것들은 7가지 색의 칼라로 화면에 나오고, 아름다운 면과 보기 쉬운 점을 갖추고 있다. 또 화면의 부분 확대, 축소, 이동도 가능하여 자신의 배의 항로를 끊임없이 감시할 수 있다. 행선은 미리 20곳이나 셋트 해놓을 수 있기 때문에 항해 중의 자기 배의 경도, 위도, 목적지까지의 거리와 방향이 항상 표시되어 있다. 정확한 항해에 의해 시간의 단축, 연료비의 절감도 되는, 최고로 우수한 항법 계기라고 할 수 있다.

(5) 레이다

배에 붙어 있는 레이다의 공중선부에서 마이크로파를 발산하여, 목표물에 맞추어 되돌아 오는 반사파의 왕복 시간과 전파의 방향으로부터 목표물의 위치를 브라운관에 영상화하여 나타낸다. 반사파의 강·약을 색으로 나타내는 칼라레이다는 보기 쉽고, 일반화되어 가고 있다. 신형의 레이다는 마이크로 콤퓨터를 내장하여, 표시 영상화하여 텔레비젼의 화면과 마찬가지로 전 영상을 동시에 나타내고 있다. 때문에 물표의 놓침이란 있을 수 없는 말이 된 것이다.

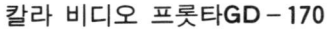

칼라 비디오 프롯타 GD-170

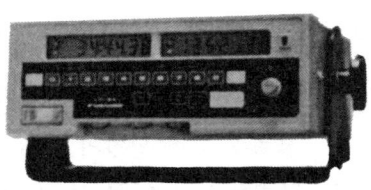

로란C 항법장치 LC-85

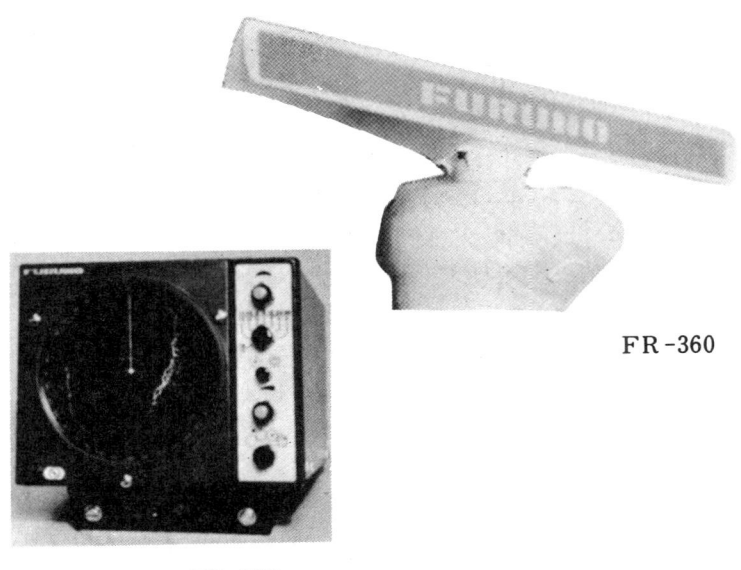

FR-360

FR-360

(6) 어군 탐지기

배에서 해저로 전파를 보내어, 반사되어 수신하기까지의 시간으로 심도를 측정한다. 해저까지의 도중에 어군에 전파가 부서지면 이내 브라운관에 표시된다. 해저의 지형, 해저 밑의 질(모래, 암초 등), 심도의 측정에도 사용된다.

칼라 브라운관은 심도나 어군이 색별로 분류되어 확대 영상도 가능하다.

(7) 훽시밀리

배에 있어서 일기예보도는 절대 불가결의 것이다. 크루징에 일기 예보도를 만들어 놓지 않는 요트맨은 없을 것이다. 이 수신기는 전세계의 기상 훽시밀리 방송파를 내장하여, 필요에 따라 선택하여 즉석에서 수신 기록할 수 있다. 타이머를 붙여 두면 정해져 있는 시간에 자동적으로 수신하고 기입해 놓아, 최신의 일기 예보도가 해역별, 시간대별 등으로 작성되는 것이다. 미리 셋트시킨 대로 인쇄되어 나온다. 데이타의 응용으로 12시간 후, 24시간 후의 기상 예보까지 가능하다.

이상 외에도 배의 위치 측정에는 위성항법 장치, 오메가, 뎃카 항법 장치가 있는데, 대형 선박용이다.

● **항로(航路)의 기입법(記入法)**

요트는 바람을 받아 달리기 때문에 외력, 특히 풍압의 영향을 받기 쉽다. 해도는 정확하게 기입해 두어야 한다. 기입은 누가 보더라도 알 수 있도록 확실히 기입한다. 기입후는 확인을 하여 실수가 없도록 하고 시각은 24시간제를 사용한다 (제16 그림).

또 베아링의 위치를 나타낼 때에 그 때의 풍향, 풍속, 수온도 써 넣어 두면, 정의 흐름의 정도, 해류, 조류의 상황 등 상당히 참고가 된다. 또 크루징 때에는 가까운 하바에 출항, 입항을 기입하고 출발한다.

소형 훽시밀리 FAS-108

소형 칼라 고기탐지기 FCV-500

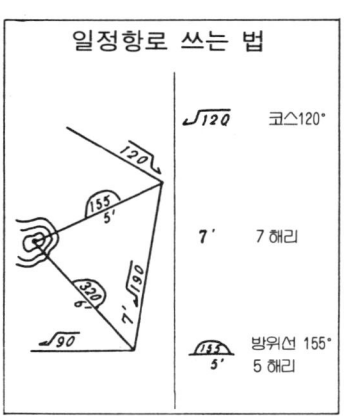

제16 그림

기상에 관한 지식

요트와 기상

요트는 바람을 이용하여 달린다. 그 때문에 요트와 기상과는 끊을래야 끊을 수 없는 관계에 있다.

평온한 날이 있으면 거친 날도 있다. 가을에 오는 태풍이나 봄의 돌풍도 있다. 강풍과 만나면 거기에 대처하는 여러가지 방법을 강구하지 않으면 안될 것이다. 무풍일 경우에는 물론 요트는 달릴 수 없고, 경우에 따라서는 오히려 위험한 경우조차 있다.

대 자연의 바람을 이용하는 요트 타기는, 안전한 항행과 보다 쾌적한 셀링을 즐기기 위해서는 기상의 지식을 꼭 알아 두어야 한다.

출항하는 날의 상황, 항해 중 라디오의 기상 통보에 의한 일기 예보도의 제작, 항행하는 장소의 조수 등, 그 지식이나 방법을 완전히 알아 두지 않으면 안된다.

요트맨은 자연에 대하여 절대로 무리한 자세가 아닌 겸허한 마음 가짐으로 대하여야 함을 잊어서는 안될 것이다.

일기 예보도 보는 방법

출항하는 때 그 날의 신문을 이용하면 제일 간단하지만, 가능하면 몇 일 전에 조사해 두던가, 떼어 내어 스크랩하여 두는 편이 변화의 상황을 아는데 한층 도움을 준다. 단, 조간에는 전날의 오후 6시, 석간에는 당일의 오전 9시의 관측분 등 수시간, 또는 그 이상 늦어 있어 일기 예보도로는 참고 지침을 만들수 없다. 이 점을 고려에 넣어 두어야 할 필요가 있다.

기압 (氣压)

'기압'이라고 하는 것은 대기의 압력이다. 지구를 감싸고 있는 대기가 지구의 중력에 영향을 받아 지구의 표면에 작용하는 압력이다. 높은 곳만큼 기압이 감소하는 것은 그 아래쪽에 남겨진 대기의 분만큼 감소하기 때문이다. 그렇기 때문에 자신이 있는 곳보다 윗쪽에 있는 대기의 무게를 기압이라고 한다. 이 1 기압은 인간이 언제나 2만 킬로그램의 압력을 신체에 받고 있는 것에 해당한다.

이 큰 압력을 인간은 언제나 신체에 받고 있으면서도 그다지 느끼지 못하고 있는 것은, 신체쪽이 대기의 압력과 잘 어울리는 구조로 되어 있기 때문이다.

기압은 수은주로 측정할 수 있다. 수은이 든 기구에 관을 거꾸로 세우면 수은은 760밀리미터 전·후의 높이에서 정지한다. 이 높이는 그 때의 대기의 압력과 맞는 상태를 나타내는 것이다. 수은주의 높이가 760밀리미터인 때를 1기압 이라고 하고, 이것을 물의 높이로 나타내면 약 10미터가 된다.

현재에는, 기압의 단위는 '밀리바'라고 하는 명칭으로 불리우는데, 1밀리바란 1평방 센치 미터에 1.000다인의 압력이 직각으로 작용한다고 하는 것을 말하며, 1000밀리바는 1평방 센치미터에 1키로의 무게가 걸린 압력에 해당하고, 수은주로는 약 750밀리미터이다. 또 1기압= 수은주 750밀리미터는 1013.3밀리미터가 된다.

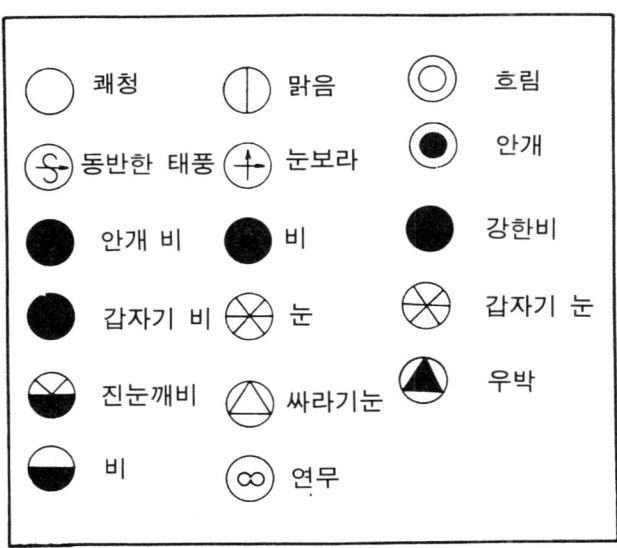

제 1 그림 일기 예보도의 그림

고 기 압	**H,**	고	(청색)
저 기 압	**L,**	저	(적색)
약한열대저기압	ⓒ,	열저	(적색)
태 풍	ⓒ,	태	(적색)
한 랭 전 선	▼▼▼▼,	청선 ⇓	
온 난 전 선	●●●●,	적선 ⇑	
폐 새 전 선	●▲●▲,	자선 ⇑	
정 체 전 선	●▼●▼,	적청선	

제 2 그림 어업 기상의 기호(화살표는 전선의 진행 방향)

● 저기압(低氣圧)

 기압은 저기압과 고기압으로 나뉘어지는데, 이 나누는 방법은 주변보다 기압이 낮은 곳은 저기압이라고 하고 주변보다 기압이 높은 곳을 고기압이라고 한다.

 저기압에는 태풍과 같은 열대 지방에서 발생하는 열대 저기압, 그 외의 지역에서 발생하는 것을 온대 저기압이라고 한다. 보통 불리워지는 저기압이란 후자인 온대 저기압을 이르는 말이다. 저기압은 확실히 전선을 동반하고 있다. 전진 방향으로 향하고, 비스듬히 오른쪽 아래의 남동 방향으로 떨쳐져 있는 것이 온난 전선이고, 후방에서 온난 전선을 쫓아 오듯이 왼쪽 아래의 남서 방향으로 펼쳐져 있는 것이 한랭전선이다 (그림 3).

 온난 전선과 한랭 전선은 저기압의 중심으로 이어지는데, 이 전선의 북쪽은 차가운 공기로 냉기라고 하고, 남쪽은 따뜻한 공기로 난기라고 한다.
 난기는 보통은 날씨가 좋고, 온도도 높고, 수증기를 많이 품고 있다.
 난기는 온난 전선의 북쪽에 있는 한기의 위로 올라가 온난 전선의 북동쪽에 비를 내린다. 한랭 전선의 북쪽에 있는 한기는 난기를 밀어 내면서 남쪽으로 전진, 이 전선 부근에도 눈을 내린다. 저기압이 동쪽으로 전진하면서 발달을 시작하면, 최초 제 4 그림의 (1) 에서 (2) 와 같이 한랭 전선은 남쪽에서 온난 전선보다 빨리 동진하고, 전선의 형은 부채 형상으로 변하여 간다. 게다가 동진하면서 발달하면, 마침내는 (3) 과 같이 한랭 전선은 온난 전선에 따라 붙고 만다.
 그 결과 저기압의 중심과 온난·한랭 양 전선의 교점과는 분리하게 된다. 이 상태의 저기압을 폐새한 저기압이라고 하고, 폐새의 결과 한랭 전선과 온난 전선이 하나가 되어 가는 전선을 폐새전선이라고 한다. 폐새했기 때문에 상공으로 올라간 온기는 폐쇄전선의 상공에 닿아 또 비를 내린다. 그러나 저기압의 세력은 이미 쇠약해져 있는 상태로 폐새한 것이다. 때문에 저기압으로는 폐새하기 직전에 세력이 가장 강한 때이다.

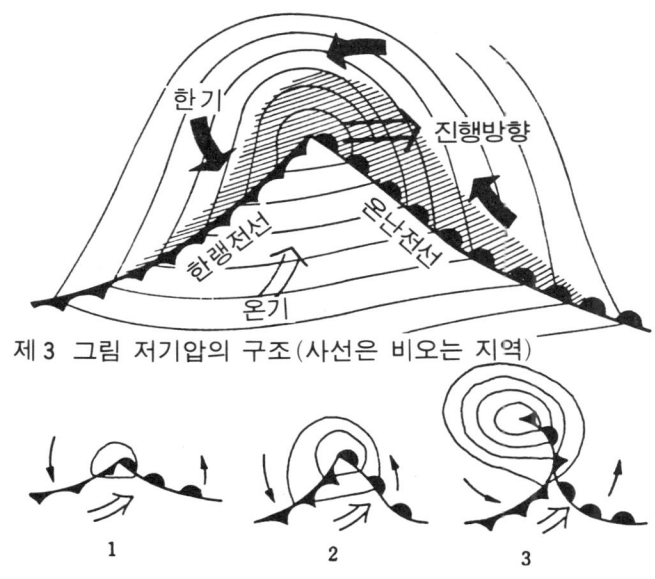

제 3 그림 저기압의 구조 (사선은 비오는 지역)

제 4 그림 저기압의 발달 (폐새 전선)

● 고기압(高氣圧)

고기압의 구역에서 바람은 서쪽으로 향하고, 북반구에서는 시계 방향으로 돌고, 남반구에서는 시계 반대 방향으로 돌면서 불어오는 것이 통상이다. 한국·근해는 물론 시계 방향이다.

(1) 한랭 고기압

겨울, 대륙이 차겁기 때문에 지표 부근의 공기가 차가워져서 발생하는 고기압으로 시베리아 고기압이라든가, 대륙 고기압이라고 불리워지고 있다. 시베리아 고기압은 엄동의 가장 강할 때는 직경 5000키로미터가 된다.

(2) 온난 고기압

지구상의 공기의 흐름의 상태에 의해 생기는 고기압이다. 북위와 남위의 30도 부근에서 나타나고, 일반적으로 지구를 뒤 감싸는 고기압대가 되는 것이 많다. 우리나라의 남방 해상에 있는 고기압은 여기에 속한다 하겠다.

(3) 이동성 고기압

비교적 원형에 가까운 형태로서 상당히 규칙이 바르고, 게다가 긴 시간 존재하면서 이동하는 것을 이동성 고기압이라고 한다.

이동성 고기압은 봄이나 가을에 많고, 권내에서는 일반적으로 바람이 약하고 날씨도 좋다.

(4) 지형성 고기압

밤, 대륙이 차갑게 식어 생기는 고기압이다. 이 고기압은 한낮이 되면 사라져 버리며, 높이는 1000미터 정도이다.

관천망기 (觀天望氣)

일기도에만 의지하지 말고 현재 땅의 관천망기를 참고하여 판단하는 것은 중요한 요소이다. 구름 모양, 구름 높이, 구름의 움직임. 시계 등으로 판단하는 것은 누구라도 알고 있는 통속적인 행위이지만, 이런 것에 큰 도움을 받는 예가 매우 많다. 지방 특유의 것도 있는데, 일반적으로 사용하는 것도 여러가지가 있다.

그 예를 들어보면 다음과 같다.

1. 고층운이 뒤덮히면 비가 가깝다.
2. 권적운이 뒤덮히면 비가 온다.
3. 구름이 말려 있으면 하루나 이틀 비가 온다.
4. 파상운은 비의 알림.
5. 고적운은 맑음.
6. 아침에 한라산이 불쑥 선명하게 보이면 오후에 바람이 분다.
7. 연기가 똑바로 오르면 맑음. 연기가 흩날리면 비.
8. 고기가 크게 튀면 비.
9. 개구리가 울면 비.
10. 차(茶)찌꺼기가 남으면 맑음. 차에 찌꺼기가 없으면 비.
11. 아침비는 이내 그친다.
12. 산 골짜기 구름이 피어 오르면 맑음.

▲바다의 일기를 참고하자

그외 많이 있으나 관심이 있으면 스스로 모아보는 것이 재미있을 것이다.

어부의 체험을 듣는 것도 많은 참고가 된다.

▲오전의 쾌적한 바람이 오후에는 폭풍으로 변하는 경우도 있다.

요트 레이스

파란 바다에 요트가 2척, 하얀 정체를 펴고 달리고 있다.
"야,저 요트를 따라 잡자"
"흥,질줄 알고"
2척 요트는 어느 쪽이 이길 것인가, 알 수 없는 경기를 시작한다.

인간에게는 자연을 동반한 경쟁심, 투쟁심이 있다. 요트의 경우도 본래는 물과 바람을 이용하여 인간이나 사물을 이동하기 위하여 만들어졌으나,인간의 경쟁심은 요트 레이스를 탄생시켰다. 요트 레이스로 가장 규모가 큰 것은 아메리칸컵 레이스이다. 왕좌를 사수하는 아메리카에 도전하는 영국, 카나다, 오스트레일리아, 프랑스 등의 레이스 때는 한치의 양보도 없는 레이스가 펼쳐진다.

요트 레이스는 내가 날마다 연마한 기술이 다른 사람과 비교하여 어느 정도 진보해 있는가를 체크할 수도 있기 때문에,레이스에 나가기 위해서는 여러가지 체험과 지식을 얻어 자기 것으로 소화시킨 요트맨

▲요트 레이스에서 강풍 속을 스타트

▲요트 레이스는 남자와 남자의 부딪침이다.

이 되지 않으면 안되는 것이다. 대충 적당한 지식으로 무리한 레이스를 하면 생명이 위험에 빠지는 사고를 일으키는 것이다.

　요트 사상 드문 사고라고 일컬어지는, 몇년 전에 일본에서 일어났던 크루저 2척의 조난은 베테랑이 함께 조직되어 있었는데도 일어난 사고였다. 새로운 기술로 베테랑에게 도전하는 레이스에서는 어쩌면 사고를 일으키지 않는 쪽이 이상한 것인지도 모른다. 당신이 훌륭한 요트맨이라면 큰 요트 레이스에서 실력을 겨루어 보도록 하라. 요트 레이스에서 너무 빨리 나가는 것은 좋지 않다. 요트에 관한 지식을 터득해 두는 것은 요트맨으로서 중요한 일이다. 여기에 요트 레이스는 어떤 방법으로 하는 것인지 극히 상식적인 사항을 설명해 보겠다.

레이스의 종류

요트를 그다지 탄 일이 없는 사람이 우선 이상하게 생각하는 것은 '요트 레이스는 과연 왜 같은 속도의 바람으로 달리는데 승자와 패자가 있는가' 라고 하는 것이다. 그러나 실제로 행해지고 있는 레이스는 같은 바람을 타고 전진해도 상당한 차이가 생긴다. 그것은 같은 바람, 같은 조수의 흐름을 타더라도 스키퍼(선장)의 기술, 두뇌의 회전에 그 원인이 있다. 예를 들어 보겠다.

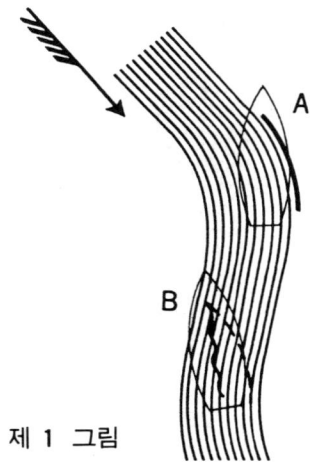

제 1 그림

제 1 그림에서 A정과 B정이 겨루고 있다. 양정 모두 크로즈·홀드로 뛰어 오르는데, A정이 풍상쪽에 위치하고, B정이 풍하쪽으로 달리고 있다. 이 경우 A정이 받은 바람은 곡선을 그리면서 B정에 흘러, B정은 세일 안쪽에서 역풍을 받아 세일은 시바하여 버리고 B정은 진행이 멈추어져 버린다. 즉 A정은 교묘하게 B정의 풍상에 영향을 주어 B정의 진행을 방해한 것이고, B정은 A정의 풍하에 있는 사각에 들어가지 않으려고 하는데서 싸움은 시작되는 것이다.

동일 조건의 바람, 동일 조건의 조수의 흐름이라도, 교묘한 요트의 조작으로 승패는 나누어지는 것이다. 그러나 요트 레이스가 행해지는 해면은 장소에 따라서 바람이 강하기도 하고 약하기도 하고, 조수의 흐름이 빠르기도 하고 멈추어 있기도 하기 때문에, 요트 레이스는 실제로는 매우 델리케이트하고 요트맨의 기술의 차이는 눈에 확실히 보일만큼의 차이를 나타낸다.

그렇기 때문에 레이스 전에 해변의 상황, 조류의 흐름, 바람의 강·약 등을 완전히 이해해 두지 않으면 작전을 세우기가 어려운 것이다.

이와 같은 것이 레이스의 묘미이기 때문에, 룰도 까다롭고, 레이스 출장정도 엄중한 규정이 있는 것이다. 레이스에 출장하는 요트는 스나입이나, 470 등이 각각 급별로 행해지고 때때로는 각급 혼합의 레이스도 행해진다.

세계 외양 레이스에서 유명한 것은 아메리칸컵 레이스, 호놀룰루 레이스, 버뮤다 레이스 (아메리카), 어드미럴 레이스(영국), 타스마니아 레이스, 시드니오버 레이스(호주) 등이 있다.

경쟁정(競爭艇)

요트 레이스는 출장정의 종류별로 성능이 차이가 있기 때문에, 각각 크라스별로 레이스를 행하도록 하고 있다.

경쟁정은 많은 종류가 있는데, 이들을 크게 분류하여 보면, 단1형(One Design), 규격형(Restrictied Type), 정격형(Rating Class)이다.

● 단 1 형(One Design)

스나입, 시호스, 시드스포드, 휜, 프라잉·덧치만, 소링 등 극히 일반적으로 행해지는 요트 레이스의 대부분은 이 단일형에 의한다 (제 2 그림).

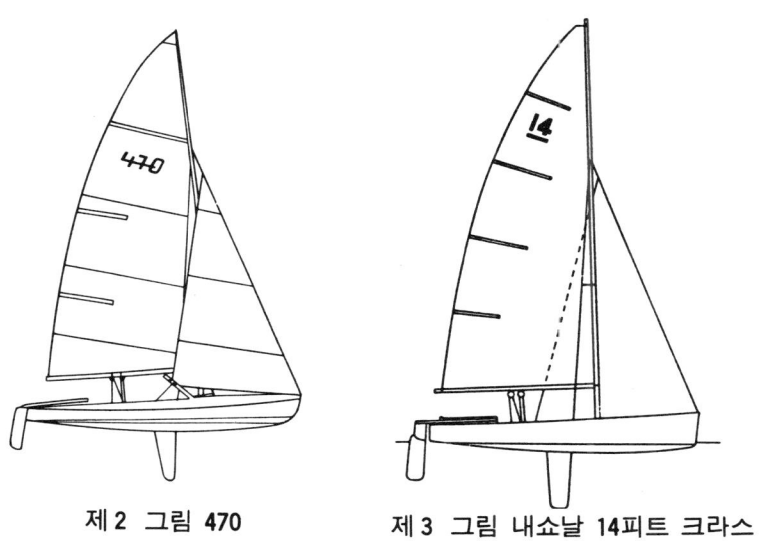

제 2 그림 470   제 3 그림 내쇼날 14피트 크라스

단일형은 설계도 시공도 엄중하게 정해져 있기 때문에, 어디에서 만들어도 같은 형으로 성능이 변하지 않는 정이 되도록 계획되어져 있다.

그러나 동일의 설계로 만들어진 요트도 조선소에 의해 어느 정도 차이가 있기 때문에 길이, 폭으로 조금의 차이(건조 오차)는 인정되고 있다. 그러나 역시 성능상으로 조선소의 좋고 나쁨은 있는 것이다.

나라에 따라 조종자의 기호에 맞는 것이 있고, 성능상의 차이도 생기기 때문에, 올림픽의 경우 등에는 최소형의 휘급은 주최국에서 전부 준비하는 것이 원칙으로 되어 있다.

● 규격형(Restricted Type)

단일형이 정 전체에 엄중한 규정을 받아 동일의 정을 만드는데 대하여, 규격정은 주요한 1부분에 규격을 만들고, 이 규격의 안에서 자유로이 디자인, 시공을 허락하는 것으로, 이것을 규격형이라고 한다. 예를 들면 요트의 동력원인 면적만을 규정하고 있는 경우도 있고, 정의 길이를 제한하고 있는 것도 있다.

일반적으로는 여러 곳을 규정하는 경우가 많다. 영국의 인터네이숀 14 휘트 크라스에서는 전체 길이 14피트, 폭 4.8~5.6피트, 돛의 면적 160평방 피트로 규정하고 있다.

이 규격형은 자유로운 설계에 의해 성능을 겨루는 장점도 있지만, 그만큼 비용도 많이 들고 경쟁도 치열하기 때문에, 최근에는 세계적으로 그다지 유행되고 있지 않다 (제 3 그림).

● 정격형(定格型)

요트는 성능은 돛의 면적이나 길이 뿐만이 아니라, 정의 전체의 용적에도 그 요인이 있다 라고 하는 생각이 다음과 같은 공식을 만들어 내었다.

$$R = \frac{L + 2d + \sqrt{S-F}}{2.37}$$

R은 레팅수, L은 수선장, d 는 깊이

정격형의 요트는 처음부터 수치를 정해 두고 거기에 맞추어 설계하여 만드는 방법과 이미 만들어져 있는 많은 요트를 모아, 각각 레팅 수치를 계산하여 레이스때에 핸디캡을 제거하려 하는 방법의 2가지가 있다.

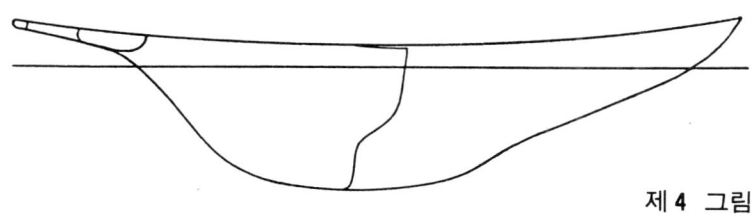

제 4 그림

레이스의 개시

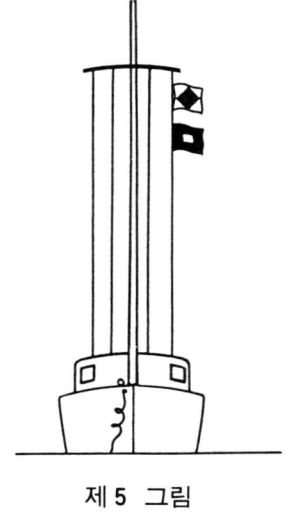

제 5 그림

레이스가 열리는 장소에 가보도록 하자. 본부 선상에는 시그널포스트가 만들어져 있다. 그리고 수면에는 몇개인가의 부표가 앙카에 의해 부설되어 있다.

시그널포스트는 레이스에 필요한 각종의 신호가 게양되어 있는 것이다. 즉 발정기, 크라스기를 비롯하여 스타트 시간, 연기, 코스 단축, 리콜 등.

룰에 따라 이 시그날포스트에 게양되어 있다 (제 5 그림).

스타트 10분 전이 되면, 규정의 크라스기가 올라가고 동시에 호포가 울리며, 10분 후의 ××급의 레이스가 펼쳐질 것임을 전원에게 알린다.

크라스기의 종류는

| 스나입 | F |
| 휜 | J |

시호스　　　　　　V
프라잉·덧치만　　　K
505　　　　　　　W
OP　　　　　　　X
프라잉·쥬니어　　　U
　　　(국제 신호기 참조)

스타트 5분 전이 되었다.

'뒤 5분 뒤에 스타트 한다'의 신호기 p기가 게양되어 호포로 출장하는 정에 알린다. 각 정은 일제히 행동을 개시한다. 스타트 라인은 제 6 그림과 같이 설정되어 있다. 본부정의 폴마스트 B와 A마크를 연결하는 가상적상이 스타트 라인이 되는 것이다.

레이스는 제 6 그림의 A와 B의 직선상의 해변에서 스타트하는데, 육상 경기의 100미터나 마라톤과 같이 전원이 일렬로 나란히 서서하는 스타트가 아니다. 요트가 모두 나란히 서서 스타트하면 처음부터 좋은 위치를 잡은 요트가 승리를 받게 된다. 그렇기 때문에 요트 레이스의

▲여러가지 종류의 소형정이 그 모습을 자랑하고 있다.

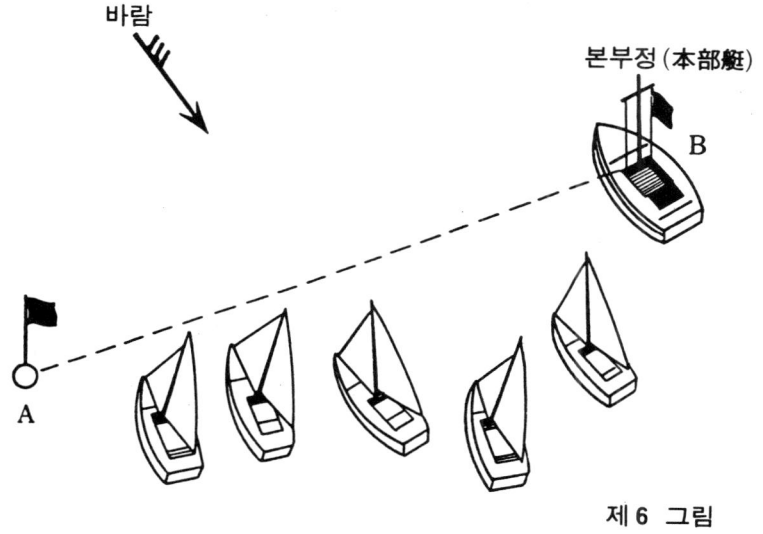

제 6 그림

경우는, 스타트 전부터 각 정은 일제히 출발하여 스타트 라인의 안쪽으로 들어가는 것이다. 그리고 스타트 신호 때에 라인을 넘지 않고 가장 라인에 가깝게 좋은 위치를 잡는 것이다. 즉 레이스 정은 레이스 전부터 바람이나 조류를 생각하여 좋은 위치를 예측하여, 다른 정을 견제하면서, 시간의 타이밍을 맞추어 요트를 스타트 시키는 것이다. 요트 레이스는 시간 전부터 개시되어 있는 것이다.

드디어 레이스 스타트이다. '출발'의 호포가 울리는 것과 동시에 P기와 크라스기(스나입이면 F기)가 내려진다. 각 정마다 전진해 가는 위치에서 그대로 레이스에 들어간다. 뒤는 해면에 설계되어진 마크(부표)를 범주 지시서대로 돌아 도착지에 들어가면 순위가 정해진다. 범주 지시서는 레이스 전에 전원에게 배부된다.

리콜

요트 레이스는 스타트가 매우 어렵고 스타트의 좋고, 나쁨이 레이스의 승, 패에 큰 영향을 끼친다.

리콜은 스타트 호포가 울릴때, 요트가 스타트 라인을 완전히 넘어 섰거나, 바우 등의 일부로 라인을 넘어 섰을 때 적용된다. 리콜이 된 정은 다시 되돌리어 스타트를 다시하지 않으면 안된다.

리콜 정은 당연 방향을 바꾸어 레이스정과는 방향이 거꾸로 되게 하여 스타트 라인으로 돌아가려 하는데, 이때 항로권은 레이스 정에 있기 때문에, 그 통과를 기다리지 않으면 안된다. 늦어지게 된다.

레이스 위원회는, 리콜이 인정되면 이내 리콜기를 걸어 적당한 음향으로 리콜정이 나온 것을 전원에게 알린다. 리콜정이 그대로 계속 전진하면, 물론 실격이 된다. 리콜정이 스타트 라인의 뒷쪽으로 돌아와 룰에 정해진 방법으로 새로운 스타트를 하면, 여기에서부터 레이스에 참가하는 것이 인정되어 리콜기를 내린다.

스타트 라인의 호 위치에 스타트의 호포 전에 배를 전진하여 그대로 세일을 시바시켜 스타트를 기다리는 것은, 단순히 방해물로 보아 실격이 되므로 요트는 끊임없이 전진시키지 않으면 안된다.

레이스 코스

스타트한 요트들은 정해진 몇개의 마크(부표)를 오른쪽 또는 왼쪽으

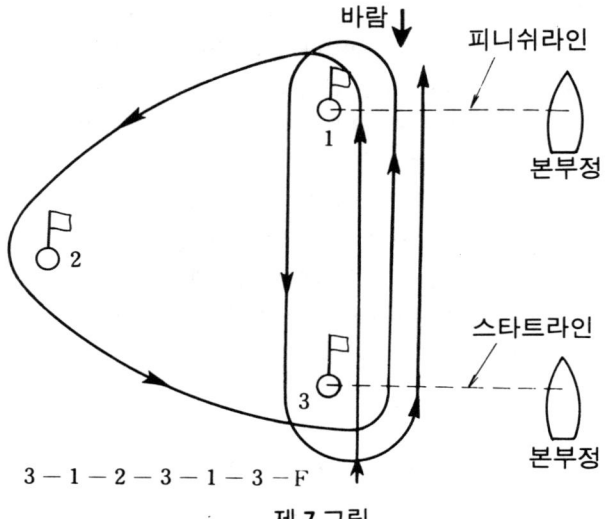

3 – 1 – 2 – 3 – 1 – 3 – F

제 7 그림

▲왼쪽 앞이 「프리퍼」 오른쪽이 「레이서」

로 보면서 크로즈홀드, 런닝, 아빔으로 달려 탓킹, 쟈이빙을 반복하면서 돈다.

　요트는 바람에 대하여 똑바로 달리는 것이 아니기 때문에 가면서 몇번의 탓킹이나 쟈이빙을 행하여야함은 말할 필요도 없을 것이다.

　스타트 라인 및 피니쉬 라인은, 바람의 방향과 직각이 되도록 설정하여 크로즈 홀드로 스타트, 피니쉬한다.

　요트가 우현으로 마크를 보면서 회전하는 것을 시계 방향으로 돌기, 좌현으로 마크를 보면서 회전하는 것을 반시계 방향으로 돌기 라고 부른다. 보통은 반 시계로 레이스 한다.

　레이스 코스는, 레이스 전에 범주 지시서에 지시되어 있다. 제7 그림의 코스는 보통 행해지는 올림픽 코스인데, 실제로는 변하기 쉬운 풍향, 조류의 깊이, 레이스 정의 특수성 등도 고려해 두고 코스를 설정하여, 범주 지시는 한층 복잡하게 만들어진다.

룰과 전술

경기 규칙

요트 레이스의 룰은 해상 충돌 예방 방법이 주요 부분을 차지하고 있고, 이것에 다음의 요소가 첨가되어 있다.
1. 추월하려는 배의 행동 규칙
2. 추월되는 배의 방어 권리
3. 마크를 돌 때의 혼잡을 방지하는 규칙

현재의 룰은 1973년에 개정되어진 IYRU규칙을 채용하고 있다. 기본적 룰은 제17조와 제24조에 명시되어 있다.

① 포트탁 정(좌현에 바람을 받고 있는 정)은 스타보드탁 정(우현에 바람을 받고 있는 정)을 피하지 않으면 안된다 (제 8 그림).
② 풍상정은 풍하정을 피하지 않으면 안된다 (제 9 그림).
③ 추월하는 정은 추월되는 정을 피하지 않으면 안된다 (제10 그림).

이 외에 추월되지 않으려는 정의 방어 권리의 규정, 마크 회항 때의 룰로써,

1. 풍상에서 추월하려는 정에 대하여 추월되는 정은 풍상으로 뛰어 올라 이것을 방해해도 좋다. 그러나 풍하에서의 추월 정에 대해서는 추월되는 정은 풍하로 떨어뜨려 방해해서는 안된다 (제11그림).
2. 2개의 정이 같은 쪽에서 마크를 돌려고 하고 있을 때, 양 정이 오버랩(전술의 항에서 설명)한 다음, 밖쪽의 정은 안쪽의 정에게 충분한 통과의 여유를 주지않으면 안된다 (제12 그림).

또, 레이스할 때에 주의해야 할 점은,
1. 다른 배의 직전(바로 앞)에서는, 충돌할 위험이 있는 탓킹을 해서는 안된다.
2. 다른 정에 접촉해서는 안된다.
3. 자신의 정을 피하려 하고 있는 다른 정에 대하여 난폭한 조정을 해서는 안된다.
4. 마크나 장해물의 부근에서는 오버랩하고 있는 상태에서는 다른 배에게 그곳을 회항 또는 통과하도록 충분한 여유를 주지 않으면 안된다.

이상의 요소가 총합되어 경기 규칙의「항로권」이 성립되어 진다. 이 외에 상세한 룰이 규정되어 있으므로, 룰을 잘 읽어 두는 것이 중요하다.

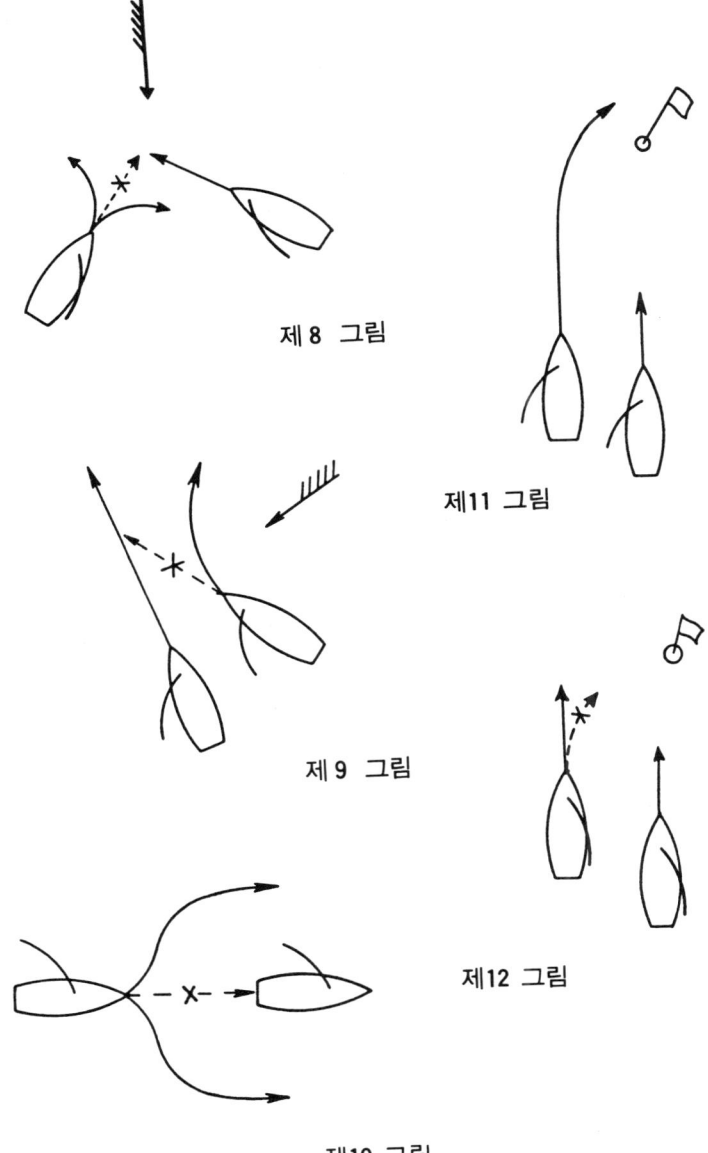

제 8 그림

제 9 그림

제 10 그림

제11 그림

제12 그림

농구 등에서는 경기 중에 반칙이 있으면 심판이 이내 호루라기를 불어 그 반칙에 페널티(벌칙)를 주지만, 요트의 레이스의 경우는 그렇게 할 수 없다. 그래서 레이스가 끝난 후 반칙을 받은 불리한 정에서 심판에게 사실을 항의하는 것이 있다. 그리고 심판(범주 위원 = Racing Committee)이 이 사실을 인정하면, 반칙한 정은 레이스에서 실격되어 버린다.

항의에 의한 실격은 이 외에 심판의 합의에 의한 실격, 제3자의 항의에 의한 실격도 있다.

이상은 기본적인 룰이기 때문에 레이스에 나간 경우는 더욱 자세한 지식을 터득해 둘 필요가 있다.

레이스의 전술

레이스에 나간 이상은 누구라도 이기고자 하는 것이 당연할 것이다. 각각 비밀의 기술로써 상대를 떨쳐내려고 노력한다. 승리는 바람과 파도와 조류와 룰을 잘 알고 그 위에 능숙한 전술을 살렸을 때에 정해지는 것이다.

제13 그림은 A마크에서 B마크로 역풍을 이용하여 가는 크로즈·홀드

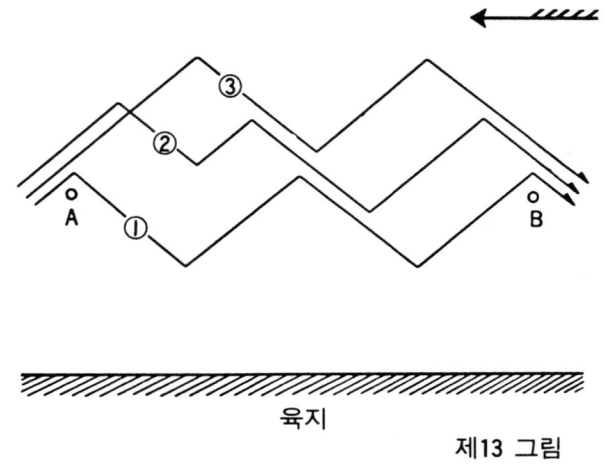

육지

제13 그림

작전의 예이다.

①의 정장은 아무리 해도 바다 한 가운데는 시간적으로 생각해 볼때 조류가 역으로 될 것임을 생각해 내어 되도록 육지 가깝게 달리는 것이 좋을 것이라는 판단을 한 것이다.

②의 정장은 바다 한 가운데는 바람이 강하고 역풍이다. 그러나 해안 가까이는 바람이 약한 것이니 손해이다. 따라서 중간을 가는 것이 제일이다 라고 생각하여 전진하고 있는 것이다.

③의 정장은 조금 역풍이 나쁘더라도 역시 바다 한 가운데로 달리는 것이 좋다 라고 생각하여 달리고 있는 것이다.

이와 같이 작전을 세워 레이스에 따라 적절한 전술이 구사되어지는 것이다. 몇 척인가의 요트가 왕성하게 공방을 반복하면서 레이스하는 대표적인 관계 위치로써 가장 많이 알려진 것이, 호프레스·포지션과 세이프·리워드·포지션이다.

호프레스·포지션 (Hopless Position) = H·p

제14 그림은 A척을 쫓아 B, C, D의 3척이 전진하고 있다. 그런데 이 세 척은 각각 A척에서 강한 바람의 영향을 받고 있어서, 이대로는 쫓아잡을 수가 없다. B정은 A정의 세일에 의해 얼마간 구부러진 바람과 파도로 속도가 둔하다.

C정은 구부러진 바람을 강하게 받고, 게다가 A정의 적 파도 큰 영향을 미쳐 A정을 도저히 따라 잡을 수 없다. D정은 A정의 세일에 의한 바람의 그늘로 들어가고 정수파도 받게 된다. 이와 같이 선행 정에 강한 영향을 받고 있는 B, C, D 정의 위치를 호프레스·포지션이라고 한다.

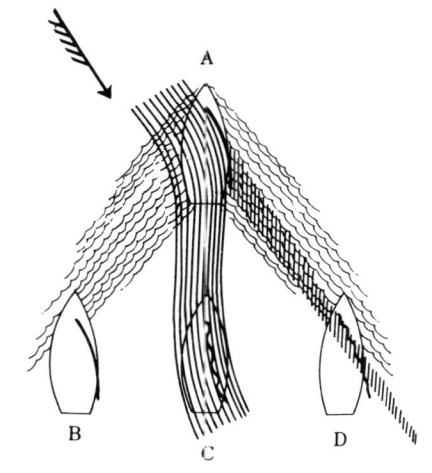

제14 그림

세이프 · 리워드 · 포지션
(Safe Leeward Position) = S · L · P

범주하는 A, B의 양정, B정은 A정을 따라 잡으려 하고, A정은 B정을 뿌리치려고 하고 있다. 제15 그림에, 양 정이 서로 겨루고 있는 경우는 B정은 절대로 A정을 따라 잡을 수 없다. B정은 호프레스 · 포지션에 있어서 A정에 의해 구부러진 역풍이 세일의 안쪽으로 향하여 세일을 시바시키기 때문에 스피드가 둔해져 버린다. 이 경우 A정의 위치를 세이프 · 리워드 · 포지션(SLP)이라고 부른다. 뛰어난 선장은 다른 배와 반격전을 펼때 자신의 정을 교묘하게 SLP로 이끈다. 그러나 이 위치도 자칫 방심하거나 탁월한 적을 만나면 이내 호프레스 · 포지션(제14 그림의 D점)으로 추락할 위험이 있다.

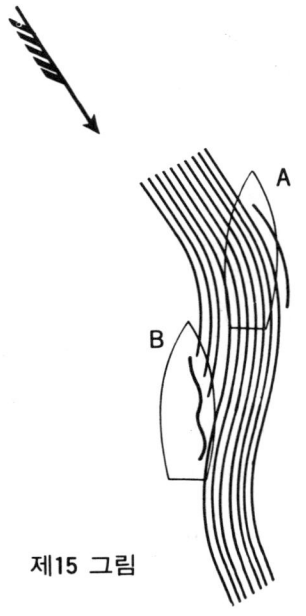

제15 그림

이 외에 경쟁하는 정의 상호 관계 위치로써 크리어 · 아스턴과 크리어 · 어해드, 그리고 오버 · 랩이 있다.

크리어 · 아스턴과, 크리어 · 어해드 (Clear Astern, Clear Ahead)

경주하고 있는 AB 양정 중 선행하고 있는 정(제16 그림에서는 A정)의 정 꼬리 부분에서 직선으로 그은 선내에 B선이 들어오지 않는 경우, B정의 위치는 크리어 · 아스턴에 있다고 하고, A정의 위치를 크리어 · 어해드에 있다고 말한다.

오버·랩 (Over Lap)

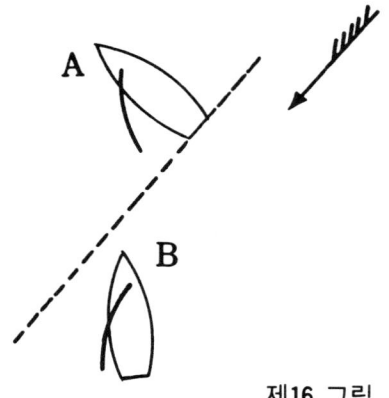

제16 그림

선행 정의 정 꼬리에서 똑바로 옆으로 그은 선에, 후속 정의 전부 또는 일부가 들어 온 때는 거기에 오버·랩이 존재해 있는 것이 된다. 제17 그림은 A정의 꼬리 부분의 직선에 B정이 들어가 있기 때문에, AB정은 오버·랩이 되어 있다. 이것은 드 정만이 아니라 다수의 정에서 이루어지는 경우도 있음을 알아 둔다.

크리어·아스턴, 크리어·어해드와 오버·랩의 룰에 있어서의 차이점은, 전자는 양정이 추월하는 배와 피추격하는 정과의 경합 관계이지만, 오버·랩의 경우는 그러한 양 정은 풍상과 풍하의 케이스로써 취급되기 때문에 풍상정은 풍하정을 피하지 않으면 안된다.

라핑·맛치

라핑이란 진행하고 있는 요트가 바람이 불어 오는 방향으로 현재 위치보다 훨씬 가깝게 접근하기 위하여 방향을 바꾸는 것을 말한다.

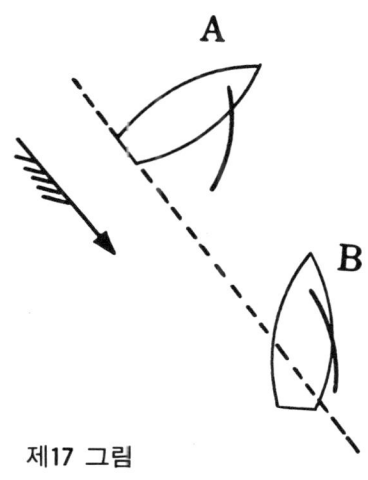

제17 그림

제18 그림을 보면
① → ② 라핑 전의 진행
② → ③ 라핑
③ → ④ 라핑 후의 진행
레이스 하고 있는 때, 가까이 다른 정이 없고 단독으로 라핑할 때나,

다른 배가 있어도 2척 정도로, 그 이상으로 떨어져 있으면 문제가 없지만, 다른 배가 그 이하로 권내에 있으면 라핑·맛치의 룰이 적용된다.

제19 그림에서 A정이 라핑하는 것을 따라 B도 라핑한다. 이 때 A정의 키수가 보아 B정의 마스트가 아빔(횡)에 올 때까지가 B정의 라핑의 한계가 된다. 이때 A정의 키수는 '마스트·아빔'이라고 외치지 않으면 안된다. B정은 이 이상으로 라핑할 수 없기 때문에 멈추지 말고 본래의 코스로 되돌아 온다. 이 퇴각을 라핑·맛치라고 하는 것이다.

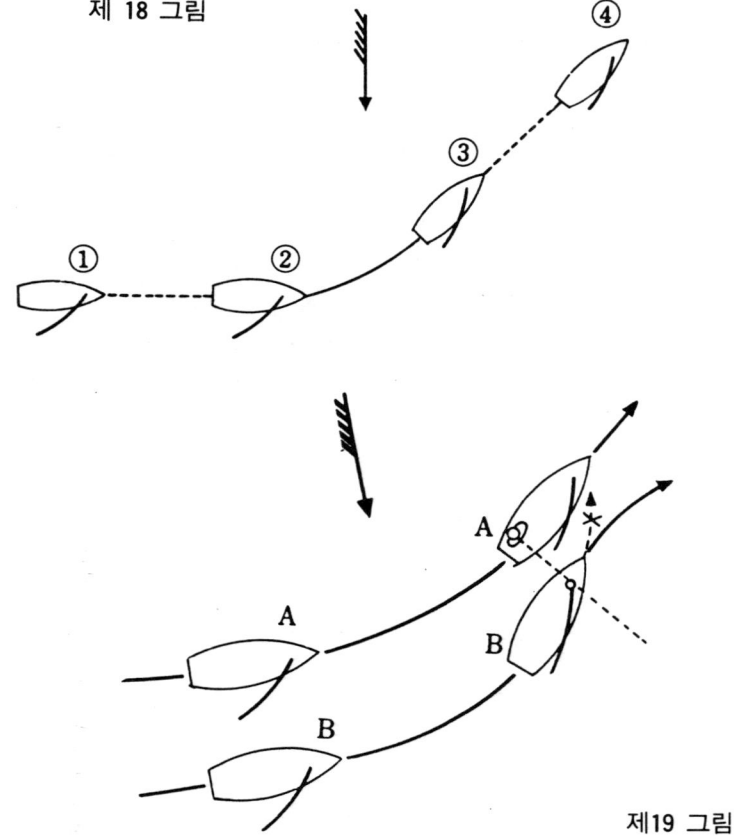

제 18 그림

제19 그림

▲크루저 레이스

레이스의 종료(終了)

　레이스의 전술에 대해서는 아직도 많은 방법이나 테크닉이 있다. 각 정은 서로 비밀의 기술을 겨누며, 어느 때는 공격하고 또 어느 때는 방어로 돌며, 다른 배를 따라 잡고 선두에 나서려 한다. 피니쉬에 도달하는 요트는 그 정체의 일부가 라인에 들어온 때에 계시된다. 물론 도착한 순으로 순서가 정해지는데, 오우션·레이스의 경우나 혼합 레이스가 행해지는 때, 각각 정의 핸디캡에 의한 수정율에 따라 계시를 수정하고 순위를 정한다.
　레이스 중에 반칙이 있는 경우는 레이스를 종료한 다음, 불리한 경우를 당한 정, 또는 제3의 정이 범주 위원회에 항의서를 제출한다.
　범주 위원회는 이 항의서에 의해 당사자 쌍방 및 가까이 있던 경기자의 증언을 듣는다. 그리고 명확하게 레이스 중의 반칙이 인정되면 행위정은 실격된다. 이것에 의해 위반정의 순위 이하의 정은 순위가 올라간다.

▲강풍 속에서 테크닉을 발휘하고 있다.

요트 레이스는 빛나는 전통을 갖고 있는 신사의 경기이기 때문에 룰을 위반하는 것은 큰 창피라고 생각해야 한다. 항의하는 사람도, 되는 사람도 어디까지나 불쾌한 감정이 남기 쉽고, 위반자는 자신의 위반 행위가 생명의 위험까지 일으킬 수 있다는 것을 뉘우치지 않으면 안된다. 요트맨은 언제나 바른 행동은 하고 누구에게나 공정하다고 인정받을 수 있는 일을 하여야 한다.

크루저의 레이스

크루저의 종류는 그야말로 천차 만별이라고 할 수 있을 정도로 다양하다. 이들 크루저가 레이스를 펼치면 당연히 대형정이 유리하게 된다. 그렇기 때문에 레이스 때는 거의 큰 크라스를 만들어 각각의 핸디캡을 마련했다. 이것이 레팅의 계측이다. 이 계측 룰은 세계 공통의 것이 아니면 국제 레이스를 펼칠 수 없기 때문에, 현재 세계적으로 행하고 있는 것이 IOR (International Offshore Rule)이다.

| 판 권 |
| 본 사 |
| 소 유 |

현대 요트교본

2010년 10월 20일 인쇄
2010년 10월 30일 발행

지은이 | 현대레저연구회
펴낸이 | 최 상 일
펴낸곳 | 태 을 출 판 사
서울특별시 중구 신당6동 52-107(동아빌딩내)
등 록 | 1973 1.10(제4-10호)

ⓒ2009. TAE-EUL publishing Co.,printed in Korea
※잘못된 책은 구입하신 곳에서 교환해 드립니다

■ 주문 및 연락처
우편번호 100-456
서울 특별시 중구 신당 6동 제52-107호(동아빌딩내)
전화: 2237-5577 팩스: 2233-6166

ISBN 89-493-0300-0 13690

현대인의 건강과 행복을 추구하는
최신판 「현대레저시리즈」

계속 간행중!

각박한 시대 속에서도 여유있게 삽시다!!

현대골프가이드
● 초보자를 위한 코오스의 공격법까지를 일러스트로 설명한 골프가이드!

현대요가미용건강
● 간단한 요가행법으로 날씬한 몸매. 잔병을낫게 하는 건강비법 완전 공개!

현 대 태 권 도 교 본
● 위협적인 발차기와 가공할 권법의 정통 무예를 위한 완벽한 지침서!

현 대 복 싱 교 본
● 복싱의 초보자가 챔피언이 될 수 있는 비결을 완전 공개한 최신 가이드!

현 대 펜 싱 교 본
● 멋과 품위, 자신감을 키워주는 펜싱의 명가이드!

현 대 검 도 교 본
● 검술을 알기 쉽게, 빠르고 정확하게 체득 할 수 있는 검도의 완벽한 지침서!

현 대 신 체 조 교 본
● 활력이 넘치는 싱싱한 젊음을 갖는 비결, 현대 신체조에 대한 완전가이드!

현대즐거운에어로빅댄스
● 에어로빅댄스를 통하여 세이프업한 체형을지키는 방법 완전공개!

현대보울링교본
● 몸도 젊게, 마음도 젊게, 남녀노소 누구나 즐길 수 있는 최신 보울링 가이드!

현대여성헬스교본
● 혼자서 틈틈이, 집에서도 손쉽게, 젊은 피부·매력있는 몸매를 가꾸는 비결집!

현 대 디 스 코 스 텝
● 젊은층이 즐겨 추는 최신 스텝을 중심으로 배우기 쉽게 엮은 디스코 가이드!

현 대 소 림 권 교 본
● 소림권에 대해 흥미를 가지고 있는 초보자를 위하여 만든 소림권 입문서!

현 대 태 극 권 교 본
● 천하무적의 권법으로 알려지고 있는 태극권의 모든 것을 공개한 지침서!

현 대 당 구 교 본
● 정확한 이론과 올바른 자세를 통한 초보자의 기술 향상을 목표로 한 책!

현 대 유 도 교 본
● 작은 힘으로 큰 힘을 제압하는 유도의 진면목을 익힐 수 있도록 편집된 책!

* 이상 전국 각 서점에서 지금 구입하실 수 있읍니다.

태을출판사 　 *주문 및 연락처
서울 중구 신당6동 52-107(동아빌딩내) 　 ☎ 02-2237-5577